高校チュータイ外交官が世界のニュースを「そもそも」解説

13歳からの国際情勢

島根玲子

扶桑社

はじめに

まずは、この本を手に取ってくださり、本当にありがとうございます。

この本を書こうと思ったのは、日々飛び込んでくる世界のニュースを、「そもそも」に立ち返り、イチからわかりやすく説明する本があってもいいのでは、と思ったのがきっかけです。今は外交官のわたしですが、もともとはいわゆるエリートではなく、10代の頃にはぜんぜん勉強していませんでした。そのため、国際ニュースを耳にした時に、「え、どういうこと？」と思ってしまうことがよくありました。世界史もまともに勉強してこなかったので、世界の「そもそも」をきちんと理解していなかったからです。

たとえば、ロシアがウクライナに侵攻した時には、「そもそもなんでウクライナとロシアって仲悪かったんだっけ？」と思ってしまうし、韓国で戒厳令（かいげんれい）が出たと言われれば「え、そもそも戒厳令って何？　そしてなんでそんなことになってるの!?」と思ってしまうのです（こんなこと言っていること自体が、現役の外交官として恥ずべきことであるのはよくわかっていますが……）。

でも、みなさんも忙しい日々の中で、外国のニュースを毎日追うことは難しいのではないでしょうか。そこで、今世界で問題となっていることを「そもそも」に戻って一緒に考えてみませんか。そもそもから理解すれば、きっと日々の国際ニュースもスッと入ってくるようになります。

前回の本、『高校チュータイ外交官のイチからわかる！　国際情勢』の中で取り上げた「世界終末時計」では、2018年の時点で、世界の終わりまであと2分のところまで来ていました。あの本を書いていた時も、「こんなに危ないことばかり起きて、世界は本当に終わってしまうのかな」なんて考えていたのを思い出します。しかし、それから7年の時が流れ、時計はもっと進みました。今の時計は残り89秒――わたしたち人類には89秒しか残されていません。

終戦から80年が経ち、わたしたちは平和な生活を送っていながらも、日本は近隣の国々といろんな問題を抱え、海を越えたアメリカのトランプ第二次政権（またトラ）とも向き合わなければいけません。

そこで、世界で今何が起こっているのかを「そもそも」からもう一度振り返り、それが日本にどんな影響があるのか、そして日本はどのような方向に舵を切るべきなのか、一緒に考えてみましょう。

島根玲子

2025年5月

13歳からの国際情勢

高校チューターイ外交官が世界のニュースを「そもそも」解説

目次

目次

目次

第4章

中国はどこに向かっているのか

第7章 「半導体」を制するものは世界を制する

第8章 深海からのぞく国際情勢 ～なぜ中国は南シナ海にこだわるのか。なぜロシアは北方領土を返さないのか～

第9章 北朝鮮は何を恐れ、何を守ろうとしているのか

第10章 K-POPには映し出されない韓国の実像

目次

第13章 「モテ期」インドの光と影

目次

—— 第 1 章 ——

高校チュータイのコギャルが司法試験に合格して外交官になった話

高校は2回留年・2回中退

本題の国際情勢に入る前に、少しわたし自身の話をさせてください。

埼玉県川口市に生まれたわたしは、普通に近所の公立小学校、中学校と進学しました。もちろん海外経験なんてありません。高校も「制服が可愛い」という単純な理由で選び、特に深く考えずに進学しました。その頃から勉強や学校生活に意味を見いだせなくなり、いわゆる悪い友達とつるむようになりました。髪を金髪に染め、日焼けサロンで肌を黒く焼き、ギャル系ファッションに身を包む、見た目は「ガン黒」のコギャルです。

最初は放課後に少し遊ぶくらいだったのが、だんだん帰るのが遅くなりました。新宿や渋谷でフラフラと時間を潰(つぶ)し、そのうち毎晩のようにカラオケやクラブで夜を明かすようになっていきました。夜通し遊んでいるので朝は起きられず、高校にも行かなくなりました。そうこうしているうちに、出席日数が足りず留年が決まり、結局退学しました。一度目の退学です。

その後、「いちおうどこかの高校に所属しておかないとな」くらいの気持ちで転入した通信制の高校でも、きちんと課題もやらず、週に1回の登校日にもちゃんと出席しなかったため、2回目の留年をくらってしまいました。だから、その高校ものちにやめることになります。二度目の退学です。

でも、当時のわたしにはどうでもいいことでした。何のために勉強するのかもよくわからないし、そもそも今から何かしたってどうにもならないし、考えたってよくわからないから、とりあえず今日もクラブやカラオケで夜を明かそう、そんな毎日でした。

新宿や渋谷で遊び夜を明かすと、クタクタに疲れ切り、出勤する大人に混じりながら朝帰りをする日々。満員電車でイライラしたサラリーマンから、「おまえみたいのは社会のゴミだ」と吐き捨てられたこともあります。

ラップのかかった晩ごはん

クラブやカラオケで夜遊びをしていると、携帯に何度もお母さんからの着信がありました。16歳そこらの娘が帰ってこないのですから、それは心配しますよね。でもわたしはずっと無視。高校中退したくらいから親子関係は最悪で、話せばケンカになるので会話もなかったし、話したって理解してもらえないと思っていました。

「家に帰るのは嫌だな」と思いつつ、かといってどこにも行く当てもないので、早朝にそっと家に帰ると、食卓にはいつもラップのかかった夕ご飯がさみしそうに置かれていました。お母さんは、帰ってくるかもわからないわたしの晩ごはんを、毎日必ず作ってくれていたのです。

わたしは夜通し遊んで疲れ切っていたので、ラップのかかった晩ごはんを横目に自室にこもり、ベッドに倒れ込むようにして寝ていました。わたしが食べなかった晩ごはんは、お母さんが朝ごはんとして食べていました。前の晩と同じものを食べるのは嫌だっただろうに。朝に食べるには脂っこいものもあっただろうに……。

親子関係は最悪だったけど、本当はそんなお母さんの姿に気づいていました。食卓を囲むことはなかったけど、ラップのかかった晩ごはんからは、お母さんがわたしの帰りを待ってくれていたことを感じていました。だから、反抗してばかりだったけど、「ママ、ごめんね。帰ってこなくてごめんね。夜も朝も同じものを食べさせてごめんね」、心の中ではどこかでそう思っていました。

心の奥底ではそう思っていても、素直にはなれませんでした。立ち直ろうにも長い間まともに勉強していないし、もう高校も辞めちゃったし、今さら何をやっていいかもわからないし、別にやりたいこともないし……。いろいろ難しいことを考えるのはやめて、今日もまたカラオケやクラブに行こう。そうして無気力な毎日は続いていきました。

救ってくれたのは「日本昔ばなし」とお母さん

そんなわたしに転機が訪れました。

ある日、いつものようにクラブで夜を明かして家に帰ると、その日も食卓にはラップのかかった晩ご飯が置いてありました。それを横目に自分の部屋に入り、ふとテレビをつけると、「日本昔ばなし」の再放送がやっていました。疲れ切った体でぼうっとテレビをながめていると、エンディングテーマが流れてきました。

いいないいな にんげんっていいな
おいしいおやつに ほかほかごはん
子どもの帰りを 待ってるだろな
ぼくも帰ろ お家へ帰ろ

でんでんでんぐりがえって バイバイバイ

いいないいな にんげんっていいな
みんなでなかよく ポチャポチャおふろ
あったかいふとんで 眠るんだろな
僕も帰ろ お家へ帰ろ

でんでんでんぐりがえって バイバイバイ

別に初めて聴いた曲でもありません。子どもの頃からよく聴いていた曲です。

それなのに、急に涙が止まらなくなりました。

お母さんは、ほかほかご飯を作ってわたしの帰りを待ってくれていたのだろう、ポチャポチャお風呂も、あったかい布団も用意してくれていただろう。それなのに、わたしは毎日夜遊びばかりして、夜中のお母さんの電話も無視して、今まで何をしていたのだろう……。数え切れないくらいの真夜中の不在着信、食べなかったラップのかかった晩ご飯、眠れずに夜を明かしたお母さんの真っ赤な目、それらすべてが「にんげんっていいな」の曲を聴いた途端、あふれるように浮かんできたのです。その時はじめて、「ママ、今までごめんね」心からそう思えたのです。

そして決意しました。「もうこんなことはやめよう。もう一度勉強して、できれば大学にも行って、お母さんを喜ばせよう」と。

「ママ、今までごめん。もうこんな生活やめる。きちんと勉強して、もう一回ちゃんとした人間になる。大学に行く」わたしの言葉を聞いたお母さんは、最初わたしが何を言っているのかわからないような様子で、目をまん丸くしていました。でも、しばらくすると、「長い間信じて待った甲斐(かい)があった」と、泣いて喜んでいました。

のちにお父さんからはこんなことを言われました。「ここ数年間、親としてもずっとつらかったけど、一番つらかったのは玲子だったんだね。気づいてあげられなくてごめんね」その言葉を聞いた時に、すごく救われた気がしました。

確かに当時のわたしは悪いことばかりして、親にも反抗してばかりのどうしようもない子だったけれども、心のどこかでは誰かに助けを求めていたのかなと思います。どれだけ強がっていても、どれだけ虚勢を張っていても、まだ10代そこらの力のない若者です。間違えることだってあります。学校に行かないのは間違っている、夜遊びばかりしているのは悪いことだと、当時のわたしですらわかっていました。でも、そういう自分の間違いに対してどうやって責任をとっていいのかもわかりませんでした。だから、親や社会に背を向けて、「どうでもいい」と思っているフリをしながら、来る日も来る日もフラフラとしていたのです。

当時の自分のことを思い返すと、わたしのように道を誤った子の多くも、本当は望んでやっているのではないのだと思います。実際わたしも、別に夜遊びが楽しくてやっていたわけではないし、クラブもカラオケも実は好きではありませんでした。どちらかというと、居場所がなかったからフラフラしていた、という感じです。そんな生活が楽しいはずはないので、もう一回あの時に戻れるならどうするか、と聞かれたら、絶対に同じことはしない、と答えます。

コギャル、大検を取る

大学に行くと決意したわたしは、「高校に行っていないなら、予備校で勉強しよう！」そう思い、家から少し離れた大手予備校の門を叩きました。一番下のクラスでいいから混ぜてもらえないかお願いすると、受付の人はわたしの姿をひととおり眺めてから裏に行き、同僚となにやらコソコソと話しはじめました。数分すると、待合室で待つわたしのところに、ひとりの男性が来ました。その男性から出た言葉は、「あなたみたいな人がいると、他の学生に悪影響があるので、大変申し訳ないのですが、入塾はご遠慮ください」というもの。つまり、わたしは見た目のせいで予備校への入塾を断られたのでした。

「せっかくやり直そうと思ったのに、真剣にもう一回勉強しようとしているだけなのに……わたしって、存在だけでまわりの人が嫌な思いするのかな……」と、今にも泣き出しそうな気持ちでそこを後にしました。

いくつかの塾を回った結果、ラッキーなことに小さな予備校が拾ってくれました。昼間に高校に行く必要がないわたしは、浪人生コースの一番下のクラスに入り、イチから猛勉強を始めました。数年ぶりの勉強。「table」や「bread」といった英単語など、超基礎的なものからの再スタートです。

高校を中退してしまっていたわたしは、まずは大検（大学入学資格検定）を取らなくてはいけません。そのため、大検で必要とされる家庭科や保健体育なども同時並行で勉強し、なんとかギリギリで大検に合格できました。肝心の大学受験はというと、軒並み不合格でしたが、幸運にも青山学院大学が拾ってくれて、ようやく新しい人生をスタートすることができたのです。

弁護士を目指してみるものの……

猛勉強の末、大検を取って大学に進んだわたしを待ち受けていたのは、リハビリのような生活でした。時間を守る、授業中は椅子（いす）に座っている、人の話を静かに聞く、堂々と居眠りしない、宿題を出されたらやる、このような学生として当たり前のことがほぼできなかったので、大学生活の始まりはさながら「人間としてのリハビリ」のようでした。そしてようやくわたしが「普通」の大学生になれた頃、まわりの友人は就職活動を始めていました。

将来の夢などちゃんと考えてこなかったわたしにとって、就職活動は衝撃でした。「え、みんなやりたいこと決まっているの？」と、同級生たちとのギャップに驚きました。それまではとにかく大検と大学受験に必死で、そもそも世の中にどんな仕事があるのか、自分は何をやりたいのか、自分には何が向いているのかなど、ほとんど考えたことがありませんでした。なので、「就職活動」と言われても何をしたらいいのかさっぱり……という感じでした。

その頃ちょうど新しくできたのが法科大学院という制度で、大学院に行って司法試験に受かると、弁護士や検察官になれるというものでした。しかも、当時は学生の7割くらいが合格できる、なんて言われており、「これいいじゃん!」と軽い気持ちで飛びついてしまったのです。

しかし、やはり司法試験はそう簡単なものではありませんでした。大学も文学部だったので、法律をやるのは初めてで、最初のほうは授業でみんなが何を話しているのかほぼワカラナイ……という状態でした。

あまりに勉強についていけないわたしは、あるクラスメイトに相談しました。彼はとても成績が良く、しかも気さくな人だったので、何かいいアドバイスをもらえるのでは、と期待していたのです。しかし、彼からこう言われました。

「勉強ってさ、やるかやらないか、だから。できないなら、もうやめたら? やってもたぶん意味ないと思うよ」と。

励ましてもらえると甘く考えていたわたしは、大きなショックを受けました。やっぱりそもそもわたしみたいな人間が司法試験の世界に入るべきではなかったのかな、高校中退の人間には場違いだったのかな、と。

大学の同級生を見ると、みんな社会人でした。お給料をもらい、一人暮らしをし、週末には旅行に行き、楽しそうな人生を送っていました。わたしも、自分に合った道を探したほうがいいのかな……そう思い、司法試験の勉強をやめようと思ったのですが、どことなく心の奥底に眠っていた「悔しい」という気持ちがあふれてきたのです。

司法試験も外交官も両方目指すと決意

「もうやめたら？」というクラスメイトの言葉は、ショックだったけれども、同時にわたしのやる気を呼び起こしてくれました。「なんであんなこと言われないといけないんだ……悔しい。そもそも高校だって2回中退したけど頑張ってここまできたんだ、だったら司法試験だって絶対できないはずはない！」そう思ったのです。

そう思ってからは、文字通りの猛勉強です。朝8時から夜10時まで図書館にこもって勉強し、食事の際には六法全書を片手にソバを流し込みました。年末年始など図書館がお休みの日には、有料の自習室を予約し、勉強せざるを得ない環境に自分を追い込みました。元旦も、クリスマスも、ゴールデンウィークも、必ず机に向かいました。

そのうち、だんだんと勉強に手応えを感じられるようになると、いよいよ自分の夢を考え始めるようになりました。３年くらい遅れて、ようやく大学の同級生たちに追いついてきたのです。いろんな国に行ってみたいな、貧しい人を救いたいな、わたしの中のどこかにあったそんな思いから、外交官を目指すことにしました。外交官になるためには、外交官の試験を受ける必要があります。でもここまできたならもう両方とも取っちゃおう、そう決意して、二つの試験を同時に勉強することに決めました。

そこからはさらに自分を追い込みました。徹底的に空き時間を見つけ、すべて勉強に注ぎ込みました。眠くなったら立って勉強し、六法全書を自分で読み録音したものを移動中に聴きました。ドライヤーをかける時間、お風呂に入る時間、トイレに行く時間には授業の録音を聴き、文字どおり寝ている時間以外はほぼ勉強に費やしました。

こうした努力が実を結び、無事に司法試験に合格し、そして外交官にもなれたのです。

資格はあなたを自由にしてくれる翼

この話をするとよく、「天才型だったんだね」とか、「元の頭が良かったんだね」と言われますが、わたしはそうは思いません。記憶力もあまりないし、何かを理解するスピードもそんなに早いほうではありません。要領もよくないですし、それに何より本を読むのが苦手です。

でも、人一倍努力した自信はあります。あまりできないからこそ、**「わたしは人の倍くらい勉強してやっと人並み」と自分に言い聞かせていました。**だからこそのハングリー精神もあったと思うし、歩いている時間やドライヤーをかける時間さえ勉強しようと、徹底的に「すき間時間」を見つけた自信はあります。

たまに「勉強したいけど時間がない」という相談を受けます。でも、本当にそうでしょうか。

もちろん忙しい日々で時間を見つけるのは大変だろうけど、すき間時間なら日常生活に意外とたくさんあると思います。たとえトイレに行くような短時間でも、「ちりも積もれば山となる」です。

わたし自身の経験を書くことによってお伝えしたかったことは、努力で人生は拓(ひら)けるということです。努力は人を強くしてくれるし、人生を自由にしてくれます。

たとえば、わたしは司法試験に合格したけれども、弁護士になっていません。そうだとすると、司法試験の勉強はムダだったようにも思えます。しかし、そんなことありません。

わたしは外務省で働いていて、人の目やまわりの評価をあまり気にしていません。こんなこと言うと怒られそうな気もしますが、でも「職場で居場所がなくなったら怖いな」とか、「出世するためにあの人の言うことは聞いておこう」などと考えることがありません。

なぜなら、もしここで居場所がなくなったら、弁護士になってイチから再出発すればいいや、と思えるからです。だから、弁護士にはならなかったけど、司法試験をがんばった当時の自分に今でも感謝しています。

組織で働くというのは思っている以上に大変です。嫌な上司もいるだろうし、同僚との人間関係に悩むこともあるでしょう。近年では、仕事が原因でメンタルバランスを崩してしまう人も多くいます。

でも、もし自分に能力や資格があれば、他に生きていく場所を探すことができます。会社を簡単に辞めてもいいと言っているのではありません。ひとつのことを一生懸命やり遂げることは大事です。でも、もし本当に辛くなった時、能力や資格があれば他の人生を選ぶことができます。別に資格じゃなくても、英語などの語学や、読書で得られる教養でもいいです。自分自身の能力を磨くことは、あなたの人生により多くの選択肢を与え、あなた自身を自由にしてくれます。

勉強の苦しみは一瞬、勉強しなかった苦しみは一生

わたしが普段励まされている言葉のひとつを紹介します。

「勉強の苦しみは一瞬だが、勉強しなかった苦しみは一生続く」

勉強は大変です。わたしも正直嫌いです。でも、勉強したほうが人生は楽になります。10代の時、荒れていたわたしにお母さんはよくこう言っていました。「勉強が一番楽で、一番コスパのいい方法なんだよ」と。当時は意味がよくわかりませんでしたが、今はこの言葉の意味がよくわかります。

勉強は辛いけど、勉強しなかった辛さのほうが長く続きます。同じように、**努力するのは辛**

いけど、努力をしない人生って果たして楽なのでしょうか。

わたしは、「日本昔ばなし」とお母さんをきっかけに立ち直ることができたけど、それでも若い頃勉強していなかった苦しみを今でも感じることがあります。漢字や数字は苦手だし、みんなが当たり前に知っている常識的な知識がなかったりします。でも、それも今からでも努力で埋められる穴だと信じています。

本題からは少し外れましたが、わたし自身の話をさせていただきました。少しでも、みなさんの生きる勇気になったり、何かを頑張るきっかけになったりしたらうれしいなと思っています。

それでは、前置きが長くなってしまいましたが、本題の国際情勢に入っていきましょう。

第2章

日本の安全は5万円で買えるのか

ピースサインってなに？

みなさん写真を撮るとき、カメラに向かってとっさに何をしますか。「ピース！」と二本の指を立ててにっこりと微笑む方が多いのではないでしょうか。普段何気なくしているこのピースサイン。もともとは、第二次世界大戦中にVictory（勝利）を意味する「V」を指で作ったサインを、ベトナム戦争下でアメリカの若者たちが平和を願ってするようになったのが起源といわれています。わたしたち日本人は写真を撮るとき、無意識にピースサインをしてしまいますが、それだけ日本人が平和を願っている、ということなのでしょうか。戦後80年の今、少しまじめに、平和について考えてみませんか。

みなさんの普段の生活、学校に行ったり、会社に行ったり、お買い物したり、友達と遊びに行ったり、そういった生活は、すべて「安全であること」が大前提です。

日本は安全、そう思っている方は多いのではないでしょうか。もちろん、殺人事件など物騒な事件をニュースで見ることはあるにせよ、今のところ、全体として安全であることは間違いないと思います。でもこの平和って、ずっと続いていくのでしょうか。

そもそも日本の安全はどうなのか

実はそんなことありません。戦争が終わって80年経っても、平和になるどころか、**日本のまわりはどんどん危ない環境になり続けているのです。**こんな状況で、「日本はずっと平和」とのんきに言っていていいのでしょうか。

北朝鮮は今までに６回の核実験をしたほか、北朝鮮から発射されたミサイルが日本の上空を通過したこともあります。北朝鮮は日本に届くミサイルを数百発持っていて、そのミサイルに核兵器を載せて日本を攻撃する能力も持っているとみられます。

中国はどうでしょう。中国の国防費はここ10年で2倍以上になり、その軍事力をどんどんと拡大しています。台湾を平和的に統一することを目指しているものの、一方で武力を使う可能性も排除していません。２０２７年までに台湾に侵攻するという予想をする人もたくさんいます。

「一人当たり国防費」は５万円

国を守るためのお金は「国防費」ですが、国民ひとりがどれくらいの国防費を負担しているかという金額を「一人当たり国防費」と呼びます。**日本の一人当たり国防費は、年間で5万円です。**

1年で5万円、と聞くとどう思うでしょうか。結構払っているな、と感じる人もいると思います。しかしこの金額、先進国の中でもダントツで低いのです。他国を見てみましょう。アメリカは22万円、オーストラリアは13万円、イギリス・フランスは11万円、ドイツは9万円、お隣の韓国は13万円です。日本の一人当たり国防費は韓国と比べても半分以下です。もちろん、韓国はまだ朝鮮戦争も終結していない、休戦しているだけ、だから日本とはぜんぜん違うでしょ、という見方もあるかもしれません。でも、北朝鮮は何度もミサイルを飛ばしていますし、日本はロシアと領土問題も抱えていれば、中国の船や飛行機が日本の領域に無断で入ることもしばしばあります。先に書いたとおり、台湾への武力攻撃が行われるかもしれないという心配もあります。このような状況の中で、韓国と比べて危険度は半分以下かと言われると、わたしには疑問で仕方ありません。

「あなたは国のために戦いますか?」

韓国の人気歌手グループ・BTSが徴兵（ちょうへい）のため活動を休止した、というニュースは記憶に新しいと思います。日本には徴兵制はありませんが、世界では今、徴兵制が復活してきています。

たとえば、ウクライナ戦争を受けて、ロシアに近いスウェーデンやラトビアでは徴兵制が復活しました。これまで徴兵制を廃止していたドイツやイギリスでも、その復活が検討されていますし、ロシアから距離的に近いポーランドでも、戦争に備えた軍事訓練を行うことが検討されています。少子化に悩む韓国では、男性だけでは足りないため、将来的に女性も徴兵の対象とするべきという意見も出てきています。

「もし戦争が起こったらあなたは国のために戦いますか？」というある調査で、「はい、戦います」と答えた日本人は約13％。日本は調査対象となった79ヵ国の中で、最低の水準です。ちなみに「はい」と答えた人の割合が一番高かったのはベトナムで、96％です。

みなさんはどう思いますか。日本における徴兵制、必要だと思いますか。わたし個人の意見を言うと、徴兵制は嫌です。なぜなら、自分が行くのも怖いし、自分の子どもが行くのも嫌だからです。外交の最大の目的は、戦争をしないために話し合うことです。わたしは、戦争も怖いし徴兵制も嫌だから、外交を通じて平和な日本を保つべきだと思っています。

では、日本の平和を保つのにはどうしたらいいのでしょうか。ここで重要な鍵（かぎ）となるのが、次に出てくるアメリカとの同盟（どうめい）です。

世界最強の同盟国・アメリカ

日本の周りがどんどん危なくなってきているにもかかわらず、日本が平和な国としていられるのはなぜでしょう。もちろん、平和な国でいるための日本自身の努力もありますが、その大きな理由は日本がアメリカの同盟国であるからです。アメリカは、誰もが認める世界最強の国。この最強の国と日本は同盟関係にあります。

そもそも同盟関係ってなんでしょう。たとえば軍事同盟。軍事同盟とは、一般的にいうと、一方が攻撃された場合には、一緒に守りますよ、場合によっては一緒に戦いますよ、という約束です。あとで出てくる北大西洋条約機構（NATO）なんかは典型的です。

日本とアメリカの同盟関係では、アメリカは日本を守ります、その代わり、日本はアメリカ軍に基地を提供します、日本の土地をアメリカ軍が使ってもいいですよ、ということになっています。

もしどこかの国が日本を攻撃した場合には、日本自身が対応することはもちろんですが、その国はアメリカからも攻撃を受けるかもしれません。**日本と戦うということは、日本だけでなくアメリカとも戦うということなのです。**世界最強の軍を持つアメリカを敵に回したい国はまずありません。なので、「日本に攻撃したら世界最強の軍隊を相手にする必要があるかもしれない」と思いとどまるのです。その結果、日本に攻撃しようと思う国はまずないでしょう。

このように、日本はアメリカと同盟関係にあることで、とても恵まれているというべきです。

別の言い方をすれば、**こんな危ない環境にいるのに、アメリカの同盟国だから、国防費が国民一人当たり国防費が5万円で済んでいるのです。**

日本はアメリカにとっての「防衛線」

視点を変えてアメリカ側から見てみましょう。なぜ、アメリカは日本と同盟を結んでいるのでしょうか。アメリカとて、ボランティアでやっているわけではありません。軍を配備するにはお金もかかるし、リスクも伴います。だから、日本を守るということが、アメリカにとってもメリットでなくてはなりません。

なぜアメリカが日本を守ろうと思うのか。それは日本が地理的にいい位置にあるからです。言い換えれば、日本の基地が使えないと、アメリカにとってもデメリットがあるからです。

アメリカから見ると、日本ははるか西に位置しています。そしてさらに西のほうに進んでいくと、中国や北朝鮮、そしてロシアがあります。これらの国々は冷戦時代からずっとアメリカとの間では緊張関係にある陣営です（冷戦については第11章でまた詳しくお話しします）。そして、アメリカと日本の間に広がる太平洋には、アメリカの領土であるハワイやグアム、サイ

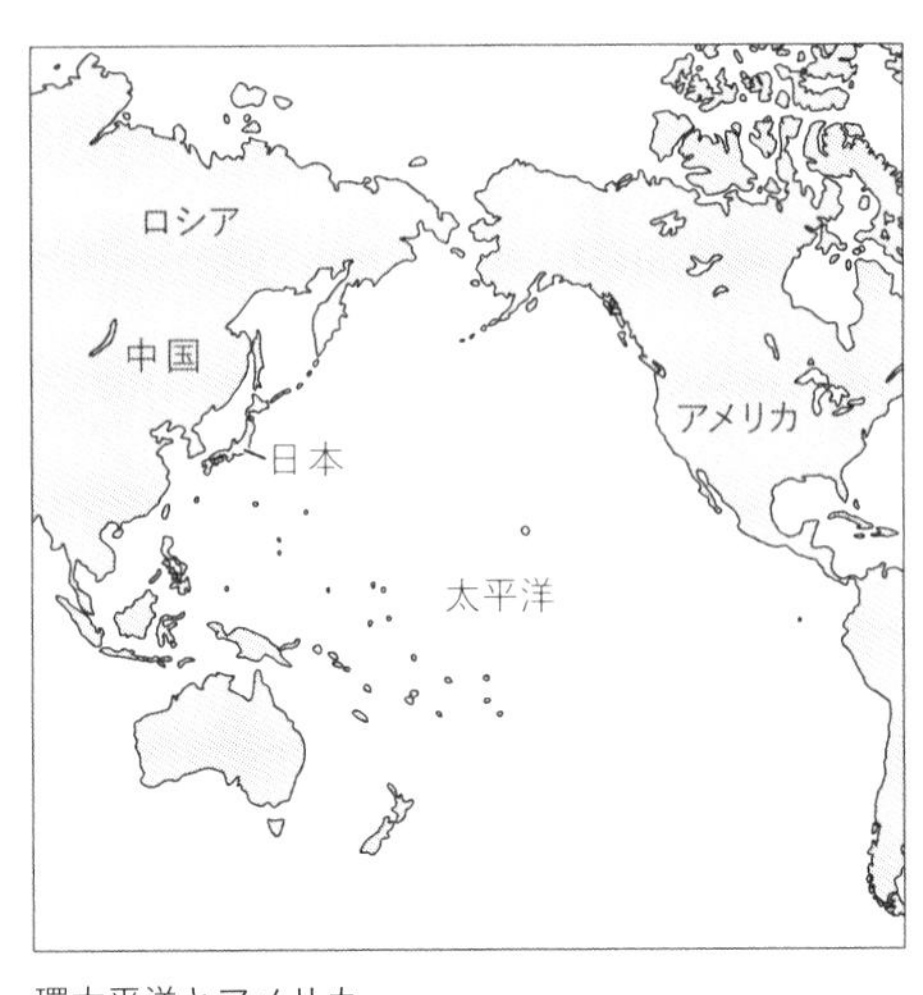

環太平洋とアメリカ

パンなどがあります。太平洋にはアメリカ軍の基地もあり、この海の安全を守る大事な拠点となっています。また、台湾もあります。

第8章で詳しくお話ししますが、海を制するものは世界を制するのです。だから、アメリカとしてはこの広い太平洋がきちんと自分のコントロール下にあることが大事なのです。仮に太平洋で他の国が、「ここは自由に通れませんよ」なんてことをしたり、勝手に海に基地を作ったりすると、アメリカは非常に困ってしまいます。

このことを頭に置きながら世界地図を見てみてください。日本はアメリカから見ると、太平洋を守る防衛線のような場所に位置しているのです。アメリカから見ると、日本は、中国やロシアを囲んで閉じ込めている、太平洋に出ないようにぐるっとガードしている、そんな感じで位置しているのです。

万が一日本が、ロシアや中国などの手に渡ってしまった場合どうなるでしょう。おそらく簡単にグアムやハワイに進出できるようになるでしょうし、ひいてはアメリカ本土にも到達してしまうかもしれません。このような事態は、アメリカとしては絶対に避けたい、避けなければいけない、と考えているのです。

つまり、**アメリカからみた日本というのは、地理的にとても重要な位置にあって、どうしても守らなくてはいけない最前線でもあるのです。**これがアメリカ側から見た場合の日米同盟のメリットです。

「日本人の代わりに戦ってくれますか？」

でも、アメリカとの同盟はずっと続くのでしょうか。もちろん、日本が地理的に重要なことに変わりはないので、当分は続いていくでしょう。でも、アメリカの中には、アメリカばかりに負担が多いじゃないか、という声もあることは事実です。

たとえば、イスラエルの場合、アメリカで選挙権をもつユダヤ人がたくさんいるため、アメリカの政治家はユダヤ人の声を無視できません。でも、日本は二重国籍を認めていないため、日本人でありながらアメリカの選挙権を持つことは難しく、日本人の声をアメリカの政治に反映させるのは簡単ではありません。

「日本人の代わりに戦ってくれますか？」と言って、「もちろんだよ」と言ってくれる外国人なんていません。「なんであなたの国を守るために、うちの国民が血を流さないといけないの」となるでしょう。でも、「日本も頑張るから、アメリカも日本を助けてよ」だったら「イエス」と言ってもらえるかもしれません。

少し前にお話ししたとおり、日本のために戦うという日本人は13％に過ぎません。国民自身が守ろうともしない国を、外国が守ってくれるのでしょうか。「わたしたちは戦わないけど、アメリカさんよろしく、日本を守ってね」なんていう都合の良い話は、わたしたちの日常生活でももちろんあり得ないですが、国際社会になればなおさらあり得ないのです。

もっともわたしは、日本人は戦うべし、なんて言っているのではありません。言いたいことは、アメリカとの同盟は決して当たり前のものではないということです。同盟をしっかりと続けていくためには、日本としても努力が必要です。どんどんと日本の周りが危なくなっているからこそ、**日本もアメリカの同盟国として自分でできることはやる、日本なりの役割をしっかりと果たすことが大事です。**それは、アメリカとの同盟をより強いものにし、ゆくゆくは日本自身を守ることにもなるのです。

そもそも「抑止力(よくしりょく)」ってなに？

世界の平和ってどのように保たれているのでしょう。みんなが「平和な世の中にしましょうね」と手を取り合って、平和な世の中を実現するのが理想です。でも、残念ながら今の世界はそうではありません。

「あの国は強い武器を持っているらしい。だから、もしあの国に攻撃したら、とんでもない反撃を受けるかもしれないな。じゃあやめておこう」

「うちの国はこんなに強い武器や軍隊を持っているんだぞ。だからうちの国に攻撃したらひどい目に遭(あ)うぞ、だからやめておけ」

今の世界の平和は、このような論理の上に成り立っています。**これを「抑止力」といいます。**

攻撃されないために、抑止力を拡大する、その結果、相手も抑止力を拡大する、そして世界全体として、どんどん軍拡が進んでいく。とても残念なことなのですが、これが世界の現状です。

そうこうしているうちに、だんだん自分だけで自分の身を守るのが大変になってきます。すると、仲間を見つけて、「これからは一緒にお互いのことを守っていこう」という約束をします。

これを「集団安全保障」と呼びます。自分以外も守らなくてはいけなくなるのでリスクは増えるのですが、一緒に戦ってくれる仲間が増えるので、効率が良くなります。このように自分の仲間をできるだけ多く見つけ、集団安全保障体制を分厚くしていって、自分をより効率良く守っていくことが、今の世界の流れです。

日本はなぜ核兵器禁止条約に入らないのか

「日本は世界唯一の戦争被爆国として、核兵器のおそろしさを誰よりも知っているのに、なぜ核兵器禁止条約に入らないのですか」

外交官をやっていると、よくこの質問をされます。

核兵器禁止条約という条約があります。核兵器は非人道的な兵器であるとして、その開発や保有、使用など、核兵器に関するすべての行為を例外なく禁止した条約です。現在までに73ヵ国がこの条約のメンバーになっていますが、日本はこの条約に入っていません。

日本は、唯一の戦争被爆国として、「核兵器のない世界」を目指しています。これは世界のどこの国よりも説得力を持って言えることでしょう。そうだとすると日本が核兵器禁止条約に入らないというのは一見矛盾しているようにも思えます。しかし、これはそんな単純な問題でもないのです。

まず、大前提として、国は引っ越しできません。人間関係なら、辛くなったり逃げ出したくなったりしたら、自分を追い詰めずに逃げ出すのがいいでしょう。違う環境に行けば今までとは違った友人や新しい自分に出会えるからです。しかし、悲しいことに、国はそうはいきません。国の一番辛いところは、引っ越しができないところです。「ここ危ないので、火星に引っ越します」とかできないのです。国は、与えられた環境がどんなに辛くても、その場所にとどまり、なんとかそこで耐え忍ばなければいけないのです。

ですから、国の安全を考える際には、まず自分がどんな状況に置かれているか、自分の周りをよく確認しないといけません。日本の周りはどうでしょう。少し前に話したように、日本の周りはどんどん危なくなってきています。中国やロシア、北朝鮮の核兵器の脅威も大きくなっています。

核兵器の使用は、核兵器によってしか抑止できないとされています。このような状況で、自ら核兵器を持たない日本が安全でいられるのは、日本自身が防衛力を強くしようとがんばっているのもそうですが、それに加えて核兵器を持つアメリカの存在があるからです。つまり日本の安全は、日本自身の抑止力だけでなく、核を含むアメリカの抑止力の上に成り立っています。

もし日本が核兵器禁止条約に入ったら、論理的には日本はアメリカの核の傘から抜けなければいけなくなるでしょう。そんなことが起きたらどうなりますか。それはまるで、核の脅威をますます大きくしているロシア、中国、北朝鮮などの前に、ひとりだけ裸一貫で飛び出すようなものです。

そもそも日本が「核のない世界」を目指す理由は、日本も世界も平和であってほしいからです。なによりわたしたち日本の国民が安全でいることが一番大事です。それ以上に大事なことなどありません。世界の核兵器をなくすために日本の安全がおびやかされるとしたら、それは本末転倒ではありませんか。つまり、質問にお答えすると、核兵器禁止条約に入ることは、引っ越しできない日本が置かれた現状に照らすと、あまりにリスクの高すぎる行為なのです。

平和は叫ぶだけじゃだめ

日本は平和国家で、憲法には平和主義も掲げ(かか)ています。それは日本人として誇るべきことです。しかし、平和の理念は掲げるだけではなく、世界の国々と共有されなければいけません。

「日本が戦後ずっと平和だったのは、日本が平和国家だからだ」と言う人もいますが、果たしてそうでしょうか。**日本が今日(こんにち)まで平和でいられたのは、日本に世界最強の国アメリカがついているからです。**日本を攻撃すれば、アメリカを相手にしなくてはいけないかもしれないという抑止力が日本を守ってきたのです。

100人の村があるとして、1人だけ平和を訴えても、他の99人が賛成してくれていなかったら意味がありません。また、99人が平和に賛成しても、残りの1人が武器を持ったままなら、99人の人々は武器を持つたった1人の存在におびやかされたままです。だから結局みんな武器を捨てません。

本当に悲しいことなのですが、今の世界はこうなってしまっています。わたしは軍拡に賛成ではありません。お金だってかかるし、軍に使う人材やお金を他に使えば、もっと素晴らしい世の中が待っていると思うからです。でもそんな理想論を言っても、世界と共有されなかったら意味がありません。「地球村」という場所は、残念ながら、「スキを見せるとナメられる」世界なのです。

少しまじめに「平和」について考えてみましたが、どうでしたか。ぜひ写真を撮るとき、ピースサインをしながら、平和について思いを馳せてみませんか。

COLUMN

ハンガリーの珍しい税金「ポテトチップス税」

「この世で確かなもの、それは死と税金だ」アメリカの政治家で１００ドル札の顔にもなっているベンジャミン・フランクリンの言葉です。どんな人であっても、死と税金からは逃れられないという意味の言葉です。

このように誰しもに関係する税金ですが、世界を見渡してみると、変わった種類の税金があります。そのひとつが、ハンガリーのポテトチップス税。スナック菓子や炭酸飲料など、塩分や糖分の多い食品に課される特別な税金です。

ハンガリーでは、国民の約３人に１人が肥満の状態にあります。理由のひとつに、ラードの消費量がとても多いことが挙げられます。ハンガリーではパンにラードを塗って食べるし、脂身をさらにラードで揚げたいわば「脂身の唐揚げ」もあります。「脂身(あぶらみ)の唐揚げ」という名前だけ聞くとギョッとしますが、意外とあっさりしていて美味(おい)しいそうです。

このように、国民の肥満が問題となっていることから、政府は通称「ポテチ税」を導入しました。最近では、ハンガリーにも健康志向がどんどん広がっているようですが、ポテチ税の効果もあったのでしょうか。節税のためにも、体のためにも、健康には気をつけたいですよね。

― 第 3 章 ―

「またトラ」のアメリカと
どう向き合うか

幕を開けた「またトラ」

今、アメリカが大きく分断しています。

4年に1度のアメリカ大統領選挙。歴史的接戦という事前の予想とは裏腹に、結果はトランプ大統領が激戦州のすべてで勝利し、大統領の座に返り咲きました。アメリカ大統領は2期しかできないので、2期目に入ったトランプ大統領にとってはこれが最後となります。二度目のトランプ政権を意味する「またトラ」、その4年間はどんなものになるのでしょうか。

トランプ大統領は、その過激な発言から、「変わった人だ」と言われます。しかし、いくら変わった人であろうとも、どれだけ型破りな人であろうとも、彼は独裁者でもなんでもなく、民主的な選挙でアメリカ国民によって選ばれた大統領です。だから、彼は今のアメリカ国民の心を映し出す鏡です。トランプ氏を再びアメリカの大統領に押し上げたアメリカ国民の心の中をのぞいてみれば、今のアメリカの姿が浮かび上がってくるでしょう。

——「メリークリスマス」と言ってはいけない

——「ポリスマン」とは呼ばない

——Mr（ミスター）でもMs（ミス）でもなく、「Mx（ミクス）」を使うトランプ大統領を再び当選させたのは、**多様性を重視しすぎたことへの副作用ともいうべき現象です。**

アメリカは日本にとって最も大事な国です。だから、アメリカを知ることは、日本の未来を知ることです。アメリカのそもそも、から一緒にみてみましょう。

青いロバの「民主党」と赤いゾウの「共和党」

わたしの中のアメリカ人のイメージは、「政治話好き」でした。以前は……。政治の話になるとおしゃべりになり、今の大統領のここが良くないとか、次の選挙では誰に入れるとか、そんなに親しくない人でもいろいろ話してくれました。しかし、今のアメリカ人は、めっきり政治の話をしなくなりました。政治の話になると苦笑い(にがわら)をし、ため息まじりに「ほんと大変だよね」などとお茶を濁(にご)します。

なぜこんなことになったのでしょう。それは**アメリカ社会が分断しているからです**。単に分断しているだけでなく、違う意見に対して攻撃的になりました。違う政治的意見の持ち主だとわかれば攻撃されるかもしれないと不安に思うので、自分の意見を言わないよう苦笑いをし、口を閉ざすようになったのです。しかし、そもそもなぜこんなにも分断したのでしょう。そして、どのような点で分断しているのでしょうか。

アメリカの政治は、民主党と共和党という「二大政党制」です。トランプ大統領は共和党ですので、共和党はトランプ大統領の勝利に熱狂した一方で、前のバイデン大統領の所属する民主党には絶望をもたらしました。

それぞれの党にはイメージカラーがあり、共和党は赤で、民主党は青です。このため、共和党の支持者が多い州を「レッドステート（赤い州）」と呼び、民主党支持者の多い州を「ブルーステート（青い州）」と呼びます。トランプ大統領も赤色のネクタイを好み、大統領選の投票日直前も、赤いネクタイをして午前2時まで演説をしていました。

民主党のシンボルは「ロバ」です。なぜ「ロバ」かという理由は、1828年に行われた大統領選挙までさかのぼります。そのときに立候補していたのは、民主党のジャクソンと共和党のアダムズでした。英単語の「jackass（ジャッカス）」はもともと「ロバ」という意味ですが、「バカな」とか「マヌケな」という意味もあります。共和党のアダムズは、ジャクソンの名前にかけて、「ジャクソンはジャッカス（マヌケ）だ！」とバカにしたのです。普通なら怒りそうなところですが、ジャクソンはこれをあえて逆手（さかて）に取り、民主党のシンボルとして使います。ちなみにこの選挙はジャクソンが勝ちました。自分をバカにしてきた相手の一枚上をいくような大人な態度が、国民にウケたのでしょう。

一方で共和党のシンボルは「ゾウ」です。これは、「強いゾウがロバに勝つ」というイメー

民主党の「ロバ」と共和党の「ゾウ」

ジで、共和党の選挙ポスターや風刺漫画に使われてだんだんと定着し、今に至りました。

「古き良きアメリカ」を目指す共和党

共和党を支持する人は「保守」と呼ばれますが、アメリカにおける「保守」とはいったい何でしょう。簡単にいうと「古き良きアメリカ」を目指すことです。トランプ大統領の有名なフレーズ、「Make America Great Again（アメリカをもう一度偉大にしよう）」。この「Again」からもわかるように、昔の古き良きアメリカに戻ろうよ、というのが共和党の基本的な考え方です。

そもそも**共和党は「小さな政府」が基本**です。つまり、政府の役割はできる限り小さくして、国民に自由に活動させよう、というものです。たとえば、トランプ大統領は就任すると、「政府効率化省（DOGE）」というものを設立します。DOGEのトップにはテスラ社のイーロン・マスク氏を任命し、アメリカ政府職員の削減に乗り出しました。たとえば、ＵＳＡＩＤ（国際開発庁：日本でいうとＪＩＣＡに相当）の事務所を閉鎖したり、政府職員に早期退職することを促したりしています。

また、**政府の役割を小さくしようとするため、減税が基本です。**税金が減るというと聞こえはいいかもしれませんが、その分医療や福祉サービスが減るので、貧しい人は困ってしまいます。お金持ちが税金を払い、政府を通じて、貧しい人がその恩恵を受け取ることを「富の再分配」といいますが、税金が減ることは富の再分配も少なくなることを意味します。

さらに、政府をできるだけ小さくして、国民の活動をもっと自由にさせてあげよう、という考えが基本なので、環境規制にも消極的です。その証として、トランプ大統領は就任早々、地球温暖化対策を話し合う「パリ協定」からの離脱を表明しました。身近なところでいえば、プラスチック製のストローを復活させましたし、環境にやさしい電気自動車（ＥＶ）にも否定的です。

ここで「おや？」と思った方はとても勘がいいです。

先ほど出てきた、トランプ大統領の側近といわれる、テスラのイーロン・マスク氏。彼は選挙期間中からトランプ氏を熱心に応援し、大統領選挙が激戦となる州で有権者に毎日１００万ドル（日本円で約1億5千万円）を配ったことすらあります。しかし、テスラは電気自動車（ＥＶ）を売っている会社です。そうだとすると、トランプ大統領を支援することは電気自動車を売るテスラにとってはマイナスなのでは……と思います。しかし、マスク氏は電気自動車だけでなく、自動運転技術や、宇宙開発を手がけるスペースX社など幅広い事業を手がけているため、いろいろ総合的に見てトランプ大統領を支持した方が得になる、と思ったのでしょうね。

共和党の話に戻ります。古き良きアメリカを目指す共和党には、宗教観も強く影響します。とりわけ、神様から授かった命を途中で諦める（あきら）ことは殺人と同じ、と考えるため、妊娠中絶（にんしんちゅうぜつ）には反対です。

また、アメリカの伝統的な価値観では、「自分の身は自分で守る」ですから、銃社会にも賛成です。アメリカでは、銃乱射事件などの痛ましい事件が相次いでいます。そのたび、「銃のないアメリカにしよう」という声が強くなります。しかしその一方で、銃を捨てたら誰が自分の身を守るんだ、という話になり、結局銃を捨てられなくなります。第2章で話した「抑止」の話に似ていますね。このように、銃を持っていい社会なのか、そうでないのか、というところでも、二つの政党には考え方の違いが出ます。

いろいろ例を挙げましたが、一番大事なのは、共和党は「保守」ということです。古き良きアメリカを取り戻す、白人がアメリカ社会の上に立ち、男性が優位な社会で、伝統的なキリスト教の価値観に従って生きていく、そういった価値観です。

「弱き」を守り、「新しき」を受け入れる民主党

これに対して、民主党を支持する人は「リベラル」と呼ばれます。「古き良きアメリカ」を目指す共和党とは異なり、「弱きを守り、新しきを受け入れる」のが民主党です。

ここでいう「弱き」とは、社会的に弱者といわれる人たち、貧しい人とか、マイノリティ（社会的少数者）と呼ばれる人たちです。共和党が「小さな政府」を目指す一方、民主党は「大きな政府」を目指します。つまり、政府がしっかりと役割を果たして、弱い人を救うためにいろいろなことをやっていこう、と考えます。

そのいい例が医療です。アメリカの医療費はおどろくほど高いです。たとえば、ニューヨークでは、初診料だけで数万円かかることもあれば、歯の治療では1本治療するだけで10万円以上かかります。ちなみに、アメリカは救急車も有料で、5万円近く請求される場合もあるので気をつけてください。

この状況をなんとかしようとしたのが、民主党のオバマ元大統領です。オバマ元大統領は、より多くの国民が保険に入ることができる制度を作りました。これを「オバマケア」と呼びます。オバマケアによって、保険に入っていないアメリカ国民は15％から9％にまで減り、国民の約9割がなんらかの保険でカバーされるまでになりました。政府が積極的に動いて困ってい

る人を救う、まさに「大きな政府」を目指す民主党らしい政策だといえます。

「新しき」とは新しい価値観のことです。たとえば、民主党は、「古き良きアメリカ」を目指す共和党とは対照的に、同性婚や性的マイノリティ（LGBTQ）に寛容です。

要約すると、保守の共和党に対し、民主党はリベラルで、**今のアメリカ社会の分断とは、つまり「保守」vs「リベラル」という価値観の対立**なのです。

そもそも誰がどの党を支持しているのか

では、民主党も共和党もそれぞれ、どのような人が支持しているのでしょうか。言い換えれば、どのような人が保守で、どのような人がリベラルなのでしょうか。

ものすごく単純化していうと、共和党支持（保守）の人の多くは田舎に住み、工場などで肉体労働に従事し、私生活ではキリスト教にしたがった伝統的な価値観の中で生きているという人たちです。人種的にいうと白人が多く、性別でいうと男性が多いです。

それに対して民主党支持（リベラル）の人は、比較的豊かな都市部に住んでいます。有名大学を出て、東海岸や西海岸などの大都市に住み、新しい価値観で生きているような人たちです。人種で言うと黒人やラテンアメリカ系の人たちが多く、さらに女性は伝統的に民主党支持の傾向にあります。

それぞれの支持者にもいろんな人がいるので、なかなか単純化して表現するのは難しいのですが、イメージしやすくするために誤解を恐れずにいうとこんな感じです。共和党支持者は郊外の庭付き一軒家に住み、地元の工場で働きながら家族を養い、週末には家の庭でバーベキューをしながら談笑し、日曜は近くの教会で祈りを捧げる。それに対して民主党支持者は、ハーバードなどの有名大学を出て、ロサンゼルスやニューヨークなどの大都市に住み、片手にカフェラテを持ち、ピンヒールをカツカツ鳴らせながら一流企業に出勤する、ゲイやレズビアンの友達もたくさんいて、伝統にとらわれない自由で新しい価値観で生きている。

当然ながら人間とは十人十色ですので、こうじゃない人もたくさんいますが、本当にざっくりいうとこんな感じのイメージです。

「メリークリスマス」と言えないアメリカ社会

今のアメリカ社会では、「メリークリスマス」と言うことが難しくなっています。また、サンタクロースが子どもの前に現れることもちょっとした議論の対象となります。なぜかというと、「クリスマス」はそもそもキリスト教のイベントですし、サンタクロースの起源はキリスト教の聖人であるため、イスラム教など他の宗教を信じる人に不快感を与えるかもしれないからです。また、子どもは「ポリスマン」ではなく「ポリスオフィサー」と言うよう教えられます。「マン」という言葉が男性を想起させるため、まるで警察官は男性でなければいけないように聞こえるからです。そのため、警察官を夢見る子どもは「大きくなったらポリスオフィサーになりたい」と言います。さらに、ディズニー作品『リトルマーメイド』では、アニメ版では白人女性だった主人公のアリエルを、実写版では黒人女優が演じることになりましたし、『白雪姫』の実写版の主人公もラテンアメリカ系女優になりました。おっと失礼しました、この「女優」という表現もあまりよくなく、「俳優」といわなければいけないのでした。つまり、今のアメリカ社会を覆うのは、こんな雰囲気です。

アメリカの歴史をたどれば、ネイティブアメリカンが根付いていた土地に、ヨーロッパから白人が到着してアメリカが建国されました。のちにアフリカ大陸から黒人奴隷が連れてこられ、南米大陸からヒスパニック（ラテンアメリカ系市民の別称）が国境を越え移民として定住しました。このように多様な人種がいる中で、平和に暮らすためになされた工夫が、多様性の尊重です。この考え方を、Diversity（多様性）、Equality（公平性）、Inclusion（包括性）の頭文字を取って「ＤＥＩ」と呼びます。

アメリカ社会にＤＥＩが広まった結果、少数派の人を傷つけないようといろいろな価値観が発展しました。メリークリスマスやサンタクロースはいい例です。ＬＧＢＴＱの人々など性自認に悩んでいる人に配慮して、性別を聞くことは良しとされませんし、ディズニープリンセスが白人女性ばかりであることも見直されました。このような配慮は「ポリティカルコレクトネス

（政治的に正しい）」といわれ、日本語では略して「ポリコレ」とも呼ばれます。今のアメリカ社会では、いたるところでポリコレを気にしなくてはなりません。

「ポリコレ」は、多様なアメリカ社会を平和にまとめる工夫であり、人々の知恵の結集だともいえます。しかし、それを「やりすぎ」だと感じる人が多く出てきました。ポリコレが広がりすぎた結果、窮屈に感じてしまう人が増えてきたのです。まさにトランプ大統領はそのひとりで、DEIに堂々と反対します。そして、アメリカ社会の多様性の行き過ぎに嫌気がさした人々は、こぞってトランプ大統領に共感しました。多様性を重視するのはいいけど、メリークリスマスすら言ってはいけない社会なんておかしい、ポリコレばかり気にして生きていくのは嫌だ、昔の「古き良きアメリカ」に戻ろう、そう思った人々はこぞってトランプ大統領に投票しました。すなわち、**多様性を尊重しすぎたことの副作用が、トランプ氏を再び大統領の座に押し上げた**のです。

このようなアメリカ社会の現状を見て、どこか日本にも共通すると思いませんか。

日本でも最近、アンケートで性別を書く欄には「男性」、「女性」の他に「答えない」という欄が見受けられるようになりました。「看護婦」ではなく、「看護師」と呼び、「保母さん」という言葉は「保育士」となり、「スチュワーデス」は女性を想起させるため「キャビンアテンダント（CA）」という呼び名に変わりました。また、元男性で女性になった人がどちらの性別のトイレを使うのか、同性婚を許すのか、などの議論が起こったことは記憶に新しいと思います。

このように、日本でも多様性を尊重する声と、それに反対する声がありますが、このような対立が行き過ぎると、日本にもアメリカのような分断が起こる日がやってくるかもしれません。

卵料理を頼むと課される「エッグサーチャージ」

トランプ氏を再び大統領の座に押し上げたもう一つの要因が、歴史的なインフレです。インフレとは物の価格が上がっているということ、つまり物価高です。

目玉焼きにトースト、その横にベーコンが添えられている、というのは典型的なアメリカの朝食ですが、今アメリカ人を悩ませているのが卵の価格です。あるレストランチェーン店では、卵を使った料理を頼むと、追加料金「エッグサーチャージ」が課されるまでになりました。もともとのインフレに加え、鳥インフルエンザの影響で、アメリカの卵の価格はどんどんと上昇し、今や12個パックで約9ドル（約1350円）以上するところもあります。これでは気軽に卵料理を食べることはできません。

また、ハワイといえば、日本人にとって定番の旅行先でしたが、近年訪れる日本人の数はめっきり減っています。なぜなら、物価が高いからです。ペットボトルの水は1本500円近くしますし、レストランに行けば18％のチップも含めて1人1万円なんてあっという間にかかってしまいます。

住宅の値段もどんどん上がっています。アメリカでは住宅価格がここ10年で2倍となっただけでなく、住宅ローンの金利は6～7％ほどです。3000万円の家を6％の金利で借りた場合、返済額は7200万円ほどになりますので、もはや元の価格の倍以上です。これだけ金利が高いと、普通の人が家を買うのは難しいですね。日本では多くの人が1％以下の金利で住宅ローンを組んでいることを考えても、アメリカの金利がどれだけ高いかがわかります。

これだけ物価が上昇すると困るのは庶民の生活です。物価高で生活に苦しんだ人々は、トランプ大統領を支持しました。その理由は、先ほど触れた「減税」です。共和党は減税が基本、でしたね。そのため、「トランプ大統領になれば減税されて生活が楽になるかも」と思い、トランプ大統領に投票したのです。

しかし、減税すると政府のお金が少なくなるので、困るのは貧しい人です。そこで、トランプ大統領が減税分を補うものとして位置付けているのが、次に出てくる関税です。

関税はアメリカのためになるのか？

「わたしにとって、辞書の中で最も美しい言葉は『関税』だ」

トランプ大統領はこう言います。トランプ大統領は自らを「タリフマン（＝関税男）」呼ぶくらい、関税が好きで、何かにつけて、「関税」を持ち出します。

まず、そもそも関税とは何かについて確認しておきましょう。関税とは、外国のモノを輸入するときに払わなければいけない税金のことです。国によってどれくらいの関税をかけているかは異なりますし、自動車は○%、小麦は○%のように、品目によってもその率が違います。

そもそもなぜ関税などかけるのでしょう。関税の目的は国内産業の保護です。たとえば、10ドルのモノに10%の関税がかかっていれば、そのモノは11ドルで売らなければ損してしまうので、値段が11ドルになります。このようにして、関税が高ければ高いほど、輸入品の値段は高くなります。一方、関税が高いと得をするのは国産品です。国内で作られる品に関税は課されないので、国産品は安い値段を維持できます。逆にいうと関税がない場合には外国からどんどん安いモノが入ってきて、国産品が売れなくなることも考えられます。そのため、関税をかけることで国内の産業を保護しようとするのです。アメリカ第一主義のトランプ大統領にとっては、アメリカ国内の産業を保護することが優先です。そのため、外国に対して関税をかけることが、アメリカ国内の産業にとって利益となると考えているのです。

トランプ大統領はこのような理由から、外国に対していろんな理由をつけて「関税をかけるぞ」と発言しています。これには、一定程度の効果はあります。アメリカは人口も多く、経済的にも発展している国ですので、モノを売る市場としては魅力的です。そのため、今までのようにアメリカにモノを輸出できなくなるととても困るからです。

しかしむやみやたらに関税を引き上げることが、本当にアメリカ国民のためになるのか、わたしには疑問です。そもそも、関税とは誰が支払うのでしょう。関税を支払うのは「輸入する人」です。つまり、仮にメキシコからの輸入品に10％の関税をかけた場合、10％の関税を支払うのはメキシコ側ではなく、輸入するアメリカの会社です。そして余計にかかった分は、商品の値段に上乗せされます。**つまり、関税が上がって最終的に困るのは、商品を買う消費者、アメリカ国民です。**

アメリカ国民が困っているのは物価高です。モノの値段が高く、生活に困っているのです。そうすると、モノの値段がさらに上がってしまうと余計困るのではないでしょうか。実際、このまま関税を引き上げた場合、物価高がより進み、アメリカのＧＤＰ（国内総生産）が減少してしまうという予測も多く出ています。

果たして、トランプ大統領の関税攻撃は、アメリカ国民にどのような影響をもたらすのでしょうか。

なぜアメリカは移民に厳しくなったのか

トランプ大統領といえば、移民に厳しいことで有名です。前の任期の時には、「メキシコとの国境に壁を作る」なんていう発言が話題になりました。この姿勢は2期目でも変わらず、就任早々さっそく不法移民を強制送還するなどの厳しい措置を取りました。

アメリカにいる不法移民の数は、人口の3%ほどを占めています。つまり30人に1人くらいが不法移民だということです。30人というと学校の1クラスくらいですから、1クラスに1人不法移民がいると考えると、けっこう多いと感じる方もいるかもしれません。

アメリカへの不法移民というと、荷物も持たずに、幼い子どもを連れて、鉄条網（てつじょうもう）の国境を越えて……というイメージがあると思います。そんな大変な思いをして入国した人を追い返すなんてひどい、と思うかもしれませんが、どこの国でも不法移民は許されるものではありません。たしかに大変な思いをして国境を越えてきたのでしょうから、同情するところは十分にあります。でも各国それぞれ入国にはルールがあって、それに従わなければなりません。しかも、不法移民は住む当てもなく入国してくるので、公園や路上で寝泊まりし、ときには犯罪に手を染めることもあります。州によっては不法移民に対して寝る場所や食事を提供しますが、その財源はもちろんアメリカ国民の税金です。ただでさえ物価高で困っているのに、自分たちの税金が不法移民に使われているのを目（ま）の当たりにしたアメリカ国民はどう思うでしょう。「もう不法移民を入れないでくれ！」と思っても仕方ないですよね。

トランプ大統領が厳しいのは不法移民だけではありません。合法的に入ってくる移民も制限しようとしています。でもそもそも、なぜ移民にここまで厳しくするのでしょうか。それは、移民がアメリカ人の仕事を奪っていると感じているからです。

移民がアメリカに来る目的は、アメリカで仕事をすることです。移民はすぐにでも働きたいので、「安くてもいいから仕事をください」となります。雇う方としても、より安い給料で働いてもらったほうが助かるので、「じゃあ移民の方にやってもらうか」となります。そうすると今までその仕事をしていた人たちは、仕事がなくなり困ってしまいます。そうすると当然、「移民はやっぱり来てほしくない！」となります。トランプ大統領が移民に厳しくなるのは、このような声に押されているからなのです。

日本は「またトラ」にどう向き合うべきか

アメリカを考える上で一番気になるのは、日本との関係です。なぜなら、日本にとってアメリカはいちばん大事な国であるからです。アメリカにとっても、日本はとても大事な国で、日米同盟は最も重要な同盟のひとつです。なので、基本的には誰が大統領になっても日本との関係に大きな影響はありません。

ただ、それがずっと続くとは限りません。トランプ大統領は「日米同盟はアメリカの負担が多すぎる、日本ももっといろいろと負担するべきだ」と発言したこともあります。

日本として大切なことは、アメリカとの同盟を大事にしつつ、アメリカに頼りきりになるのではなく、日本としてもしっかりやるべきことはやる、ということです。

仮にアメリカ軍が日本からいなくなってしまったらどうなるでしょう。自分たちだけで日本を守らなくてはなりません。一人当たり国防費が5万円の日本が、自分の力だけで日本を守ることが、本当に可能でしょうか。

大事なことは、アメリカとしっかり手を組んで、日本も自分の役割をしっかり果たしていくということです。わたしたちの生活を守るためにも、アメリカとの関係はとても大事なのです。

COLUMN

ハロウィンの服装には気をつけよう

10月末になると、日本中で盛り上がるのがハロウィン。街は仮装をする人であふれ、最近は子どもたちにとっても一大イベントとなりました。ハロウィンの醍醐味は、なんといっても仮装して街に繰り出すことですが、ハロウィンの仮装にはちょっとした注意が必要です。

たとえば、ネイティブアメリカンを想起させるような、羽をあしらった衣装。これはNGです。ネイティブアメリカンの文化では、羽は神聖なもので、重要な節目の時に身につける物です。そのため、自分たちが神聖なものとして大事にしている物を、娯楽を目的としたようなハロウィンの仮装で使われることは、文化への攻撃だと誤解される可能性があります。これと同じ理由で、民族衣装は避けたほうがよく、とりわけ海外で仮装する際には配慮しましょう。

せっかくの楽しいハロウィンですから、誰も傷つけることなく、楽しい時間を過ごしましょう。

（画像：123RF）

—第 4 章—

中国は
どこに向かっているのか

中国に親しみを感じる日本人はわずか15%

あなたは中国に対してどんなイメージを持っていますか。いい国だな、とか、旅行してみたいな、と思いますか。

ある調査によると、中国人に対して親しみを感じている日本人の割合は15%しかいません。その一方で、親しみを感じないと回答した人の割合は85%でした。**つまり、日本人の対中感情はあまり良くないということがわかります。**

一方で、「アメリカに対して親しみを感じますか」という質問に対しては85%の人が「親しみを感じる」と回答しています。これと比べても、日本人が中国に対してあまり良いイメージを持っていないことがわかります。中国にはたくさんの日本企業が進出していますし、日本にいる外国人で圧倒的に多いのは中国人です。日本にいる中国人の数は今や84万人にのぼり、これは山梨県や佐賀県の人口よりも大きな規模になります。つまり、日本中にいる中国人をぜんぶ足すと、ひとつの県くらいの規模になってしまうのです。そんなに関わりの深い国なのに、日本人のたった15%しか親近感を持っていないのは悲しいことですね。

でも、**どんなに関係が悪くても、どんなに周りの国が嫌だったとしても、国は引っ越しできません。**これが人間関係と国際関係の決定的に違うところです。人間関係では、もし行き詰まったり、本当に辛かったりしたら、その環境から逃げればいいと思います。違う環境に身を置けば、新しい自分や仲間に出会えるかもしれないし、また違った人生が待っているかもしれないからです。人間の居場所は、探せば他にいくらでもあります。だから、皆さんももし人間関係が本当に辛くなったら、自分を追い詰めすぎる前に、勇気を出して逃げ出し、他の環境に身を置いてください。ただ、国際関係だけはこうはいかず、どんなにその国の置かれた環境が辛くても引っ越しできません。だから、国は与えられた環境で頑張っていくしかないのです。

では、15％の人しか親しみを感じていない中国に対して、日本はこれからどう向き合っていくべきなのでしょうか。一緒に考えてみましょう。

中国とはそもそもどんな国か

そもそも中国ってどんな国なのでしょう。

まず、とても大きな国です。世界第4位の面積を誇り、その大きさは日本の25倍です。人口は世界第2位。つい最近、２０２４年にインドに首位を譲ったものの、それまでは世界で最も人口の多い国でした。2位となった今でも約14億2千万人と、日本の10倍以上の人口を誇ります。世界の人口は約82億人ですので、５・８人に１人は中国人という計算になります。民族構成はというと、国民の90％以上は漢(かん)民族ですが、ウイグル族やチベット族などの少数民族もいます。

ちょっと脱線しますが、日本では妊娠して数ヵ月すると、産婦人科で「男の子ですよ」とか、「女の子かな」なんて会話が普通に行われますが、これは中国では一般的ではありません。なぜだと思いますか。

中国では、人口の急激な増加を抑えるため、2015年まで「一人っ子政策」と呼ばれる政策をとっていました。一人っ子政策下では、後継ぎが欲しいという思いから、男の子を望む家庭が多くありました。妊娠中に女の子だということを伝えてしまうと、「一人しか産めないならどうしても男の子がいい」とお腹の赤ちゃんを諦めてしまう人さえいたのです。そのため、中国では妊娠中に赤ちゃんの性別を教えることは一般的ではなく、その名残が今も残っています。人口の話に戻すと、一人っ子政策をとっていたにもかかわらず、これだけの人口を誇ることはすごいことです。

習近平国家主席（写真：共同通信）

中国の政治を見てみましょう。中国では、中国共産党が一番上の存在で、憲法にもそう書かれています。そのため、共産党のトップである総書記が中国の国家主席になります。

中国のトップは、2013年からずっと習近平主席です。中国の国家主席の任期は、かねてから「5年を2期まで」と定められており、連続して3期目に入ることはできませんでした。しかし２０１８年に習主席はこのルールを変え、回数制限を無くしました。そして２０２３年、**異例の３期目の任期に突入したのです。**

習主席は、２０２７年に共産党総書記として現在の任期は最後の年を迎えます。つまり、この２０２７年が４期目にいけるかどうかの正念場です（この「２０２７年」という数字はあとでも出てくるので、頭の片隅に置いておいてください）。

異例の３期目に突入した習主席。その船出は順調だったのでしょうか。実はそうでもないようなのです。中国で今何が起こっているのか、見てみましょう。

不動産バブルが崩壊（ほうかい）した中国

中国で今一番問題となっていることは不況です。経済がとても悪く、人々の生活が苦しいのです。**その主な原因が、不動産バブルの崩壊です。**中国では、人々の生活が豊かになるとともに住宅建設がどんどん進み、不動産の価格がつり上がりました。いわゆる不動産バブルです。

特に、深圳（しんせん）や北京（ペキン）などの大都市では一時、不動産の価格が年収の50倍以上と、庶民には一生かかっても手が出ないような値段にまで上昇しました。今でも北京や上海（シャンハイ）などの大都市では、中古住宅でも年収の25倍を超すことが珍しくありません。日本では、新築マンションの全国平均価格は年収の10倍ほどです。近年、「高すぎて買えない」と叫ばれている東京でも、年収の約18倍ですので、中国の不動産がいかに高いかがわかります。しかし、日本もそうだったように、バブルというのはいつか崩壊します。

不動産バブルが崩壊した中国では、家が売れなくなり、建設を中断するマンションが目立つようになりました。あまりに住宅が売れないので、マンションの部屋一つ買ったらもう一部屋プレゼント、なんていうびっくりキャンペーンまであるそうです。

中国では、不動産業がＧＤＰに占める割合は３割ほどで、中国経済の大きな部分を占めています。そのため、不動産業界が傾くと、中国経済にとっては大きな打撃となります。これに対し中国政府は、住宅ローンの金利を引き下げたり、不動産業の支援をしたりと、いろいろな対策を打っているようですが、今のところあまり効果は出ていないというのが現状です。

「専業子ども」を選ぶ若者

経済が悪くなると仕事が無くなります。実際、中国の失業率は悪化の一途をたどっています。特に若者が問題で、中国全体の失業率は５％ほどであるのに対して、若者の失業率は20％近くと特に高く、多くの若者が職につけないでいます。

「専業子ども」という言葉を聞いたことがありますか。定職につかずに親の元で暮らし、おつかいや家事など親のお手伝いをし、親から給料という名のお小遣(こづか)いをもらう子どものことです。日本だと、「親のすねかじり」みたいな感じです。この「専業子ども」が今中国で増えています。

若者の失業率が高い理由には、中国経済の悪化それ自体の他に、学歴と仕事のミスマッチもあります。ひと昔前まで中国は「世界の工場」と言われ、安い人件費が魅力となり、車の部品からアパレルまで、海外のさまざまな製造業が中国に進出しました。世界中の企業が中国の安い労働力を使い、中国国内で製造業を展開したことが、中国の今日の発展につながったのです。

経済が発展し、家計が豊かになると、親は子どもにいい教育を受けさせたいと思うようになります。まして、先ほど触れたように、中国は最近まで一人っ子政策をとってきました。手塩にかけて育てたひとり息子やひとり娘を、なんとかして大学まで行かせてやりたいと思うのが親心です。そうして大学まで行った若者は、当然いい職業を探します。大学まで行ったのだから、工場勤務や肉体労働はしたくない、都市部の大企業に就職したい、と思う若者が増えました。

しかし、なにせ人口の多い国ですから、それだけ多くの大卒の若者を受け入れるだけの受け皿が整っていませんでした。言い換えれば、大卒の若者の増加に、雇用側が追いついていけなかったのです。そのため、多くの若者が自分の希望するような職につけずに漂流している、というのが今の中国が抱えている問題です。

格差を生む都市戸籍と農村戸籍

中国人と聞くと、すごくお金持ち、というイメージはありませんか。そのイメージ、正解です。しかし、お金持ちが多い一方で、貧しい人が多いのも事実です。すなわち、貧富の差が大きいということです。さらに中国に特徴的なのが、その貧富の差が都市と地方で大きく開いているということです。

都市と地方の貧富の差が大きく開く原因の一つに、中国の戸籍制度があります。 中国の戸籍には、都市戸籍と農村戸籍という二種類の戸籍があり、中国の国民にはどちらかの戸籍が割り当てられています。戸籍は自分で選ぶのではなく、家に割り当てられているものなので、自分がどちらの戸籍なのかは生まれたときに決まっています。それぞれの割合は都市戸籍45%、農村戸籍55%くらいで、農村戸籍の人のほうが少し多いくらいです。ひと昔前までは、その名の通り、都市戸籍の人は都市に住み、農村戸籍の人は農村に住んでいました。しかし、経済発展に伴い、農村の人が都市部に出稼ぎに出てくるようになり、都市部では都市戸籍の人と農村戸籍の人が混在する状況になりました。

都市に出てきたのなら都市戸籍に変えられるのかなと思いきや、そうもいかない制度です。都市戸籍から農村戸籍に変えることは簡単ですが、農村戸籍から都市戸籍に変えることは非常に難しいのです。そのため、都市部に出稼ぎに来ても農村戸籍のまま、というのが現状です。

中国ではどちらの戸籍を持っているかによって、受けられる社会サービスが変わります。たとえば、年金。農村戸籍の人は都市戸籍の人に比べて年金の額が少なくなっています。また、農村戸籍の人は、都市の学校に通うのにも制限があり、都市戸籍の人と同じようには教育を受けられません。たとえば、都市の大学に入る場合に、農村戸籍のハードルが高く設定されていることがあります。都市戸籍の人は生まれながらにして都市に住み、都市に家を持ち、都市で教育を受けて、都市で就職するという人生を送りますが、農村戸籍の人が同じことをしようとしても、努力だけでは乗り越えられない高すぎる壁が存在するのです。

この戸籍は結婚しても変わりません。日本では結婚すると同じ戸籍に入りますが、中国では、農村戸籍の人が都市戸籍の人と結婚したとしても都市戸籍になることはなく、農村戸籍のままです。また、子どもは母親の戸籍を受け継ぐことになっているため、子どもに都市戸籍を持たせたいと思う男性は、農村戸籍の女性との結婚をためらいます。

このように、戸籍という制度が、中国の貧富の差を広げるひとつの要因にもなっています。

富めるものはますます富む、税金制度

お金持ちの多い中国ですが、少しいびつなのは、お金持ちはさらにお金持ちになるという社

会構造です。たとえば、固定資産税や相続税がありません。日本であれば、家や土地など不動産を持っていれば固定資産税を払うし、親が死んで子どもが財産を相続したら、最大で55％の相続税を取られます。

税金というのは、取られるほうからしたらハッピーではないでしょう。しかし、国がお金持ちから税金を徴収し、それを貧しい人や社会のために使うという機能があります。これを「富の再分配」と言います。固定資産税や相続税はお金持ちから徴収する税金の典型例です。そもそもお金持ちじゃなければ不動産なんか持っていないし、お金持ちだから親からたくさんの財産を相続するのです。しかし、税金システムがきちんとしていないと、富の再分配がうまく機能しません。そのため、**富めるものはますます富み、貧しいものはますます貧しくなっていくのです。**

都市部のお金持ちを思い浮かべてみましょう。中国では都市部の不動産の価格がとても高いことは前に触れたとおりです。都市にマンションを持っているお金持ちの人は、それを貸したり転売したりして利益が出るのに、固定資産税は発生しません。そのような都市戸籍のお金持ち同士が結婚し、子どもが生まれたとします。中国は2015年まで一人っ子政策を取っていたため、子どもは一人です。その子は父親と母親から二人分の財産を一人で受け継ぎます。相続にかかる税金はありません。こうして大きなコストも支払わずに、都市部の高額な不動産を複数所有することになります。こうして中国では、富める人はますます富んでいくのです。

反スパイ法と逃げ出す外国企業

みなさんは洋服をどこで買っていますか。日本でも、だいぶ通販が主流になってきましたが、中国のネット通販の発展はめざましいです。人々はインターネットで洋服を購入し、届いたら試着、気に入らないものは返品します。インターネットでの購入と返品を繰り返す、それが中国人の日常です。

そんなネット通販文化に支えられ成長した中国のネット通販最大手「アリババ」。11月11日は、日本では「ポッキーの日」なんて呼ばれますが、中国ではアリババが11月11日を「独身の日」と呼び、毎年大規模なセールを開催しています。このセール、3年前には10兆円の売り上げを記録したことでも話題になりました。しかし今は人々の買い物熱が上がらず、独身の日も以前に比べると盛り上がりに欠けています。日本でも中国人の「爆買い」という言葉が一時期トレンドになりましたが、今や爆買いは影を潜めています。中国の現状は、俗にいう消費が落ち込んでいる、という状況です。

中国はもともと世界の工場として経済発展した国です。そうだとすると、不景気ならば、また同じように外国の企業を呼び込み、若者に仕事を与え、経済を復興させていけばいい気もします。しかし現在の中国が外国企業にとって働きやすい環境かといわれると、なかなかそうでもないようです。

2023年に、中国で「反スパイ法」という法律が改訂されました。この法律は、中国の安全を保つために、スパイ活動を規制する法律です。しかし、ここで問題なのは、実際にどのようなことをしたら「スパイ」とみなされるのか、どのようなことをしたら逮捕されるのか、法律の運用があまりよくわからないということです。中国で働く人だけでなく、単なる旅行者も取り締まりの対象になりえます。実際、今までに17人の日本人が拘束されていますし、最近では、とある製薬会社の日本人社員がよく理由もわからないままスパイ容疑で拘束され、今も釈放されていません。

こんな状況では、外国企業としては「中国に社員を派遣するのはこわいな」、「中国でビジネスをやらないほうがいいな」と当然思うわけです。実際に、反スパイ法が改訂されてからというもの、外国企業が次々に中国から撤退しています。外国企業が撤退すれば、中国の経済はもっと苦しくなるのは明白です。ただでさえ不動産バブルが崩壊して経済が苦しいのに、さらに経済は悪化し、若者の就職先はさらに少なくなっていきます。

中国にとって何が一番大事なのか

いったい習主席は何を考えているのでしょう。経済を立て直そうとは思っていないのでしょうか。真意は本人に聞いてみないとわかりませんが、おそらく習主席としては、経済を立て直したいんだけれども、同時に共産党体制を維持することも大事で、どうやったらどっちも両立させられるのかというジレンマを感じているように見受けられます。

中国には民主的な選挙がありません。日本の場合、政府や国会がやっていることが不満なら、「次の選挙では違う人に投票しよう」と考えることができますが、中国にはそのようなシステムがありません。しかし中国人だって同じ人間ですから、政治に不満も持つでしょうし、いつそのような不満が爆発するかもわかりません。

中国のトップが恐れるのは、このような国民の不満が抑えきれなくなり、体制が内部から崩れていくことです。体制が崩壊することを恐れている身からすると、民主的で自由な風土を持った外国企業が国内に入ってくることは危険だし、外国企業が中国政府の情報を国外に持ち出し、それが国民に知られてしまうのも困ります。

経済が苦しい今、外国から投資を呼び込んだり、国内の消費を増やしたりしながら、なんとかして経済を立て直したいのだけれど、でも、そのことで共産党の体制が崩れてしまうのは困る、そんな悩みに今の中国は直面しているように思えます。

かつての超大国「明（みん）」

しかし、そもそもなぜそんなにも共産党体制が大事なのでしょうか。習主席はいったい何を目指しているのでしょうか。

習主席はよく「中華民族の偉大なる復興」という言葉を使うのですが、この言葉にヒントが隠されています。わたしは、習主席は中国が「明（みん）」の時代のような超大国になることを目指しているのではないかなと思っています。

中国の歴史を紐解（ひもと）けば、あの一帯にはもともと「明」や「清（しん）」などの超大国がありました。習主席の言う「中華民族」とは、現在の中国国民の多数派である漢民族のことです。明は漢民族の王朝で、周辺の国から貢物（みつぎもの）を献上させる「朝貢（ちょうこう）」を受けながら、地域の超大国として君臨していました。習主席が目指すのは、この明なのです。

一方の清は北の満州族が建国した国で、漢民族の国ではないのでダメです。しかも清は、欧米や日本など列強各国から分割されるという苦い歴史を味わいました。この屈辱は、現在の中国国民、そして習主席にも深く刻まれているでしょう。思い返してみれば、台湾が日本の手に渡ったのも、香港がイギリスの手に渡ったのも、清の時でした。習主席が台湾や香港に強いこだわりを持つのは、清が手放したという屈辱が根底にあるのかもしれません。

アジアに君臨した超大国、明。それが弱体化するきっかけになったのは、李自成という失業者が起こした反乱でした。職を失った李自成は、社会への不満を募らせ、ついには明を滅亡に追い込んだのです。今の中国は、経済が悪く、若者を中心に失業者があふれています。最近の無差別殺傷事件にも現れているように、社会不安も大きくなってきています。わたしは、明と今の中国に不思議で皮肉な共通点を感じざるを得ません。果たして、歴史は繰り返されてしまうのでしょうか。

「一帯一路」構想とは何か

かつての超大国・明は、海に乗り出した王朝でもありました。「鄭和の南海遠征」という言葉を世界史で勉強した人もいるかもしれません。新大陸を目指す大航海というと、スペインやポルトガルなどを思い浮かべますが、明王朝も、当時のアジアの国では珍しく、大海原に出て新大陸を目指しました。

21世紀になり習主席が掲げたのが、「一帯一路」構想で、現代版のシルクロードともいわれています。「シルクロード」とは、中国とヨーロッパを結ぶ交易路として栄え、中国に多大な利益をもたらした絹の道です。「一帯」というのは陸で、「一路」というのは海を指しますので、つまり現代版のシルクロードには陸と海の両方があるということです。習主席は、この一帯一路構想を、偉大なる漢民族の復興を成し遂げる上で重要なプロジェクトとして位置付けています。

具体的にこの構想で何をするかというと、中国が「一帯一路構想に参加しませんか」といろいろな国に呼びかけ、参加した国と一緒に港や鉄道などを建設するというものです。一見いいプロジェクトのようにも思えるのですが、実はこの一帯一路構想は難しい局面を迎えています。まず、一帯一路構想に参加した国の中で、債務の罠に陥る国が出てきました。「債務の罠」とは、発展途上国に対して、その国の経済規模に見合わないような巨額のお金を貸し、結局返せないことがわかったら、その代わりに建設したものを使う権利を事実上乗っ取ってしまうということをいいます。

たとえば、スリランカの南にあるハンバントタという場所は、一帯一路の重要な拠点として、港の建設が進んでいました。しかし、あまりに大きなプロジェクトであり、その建設費用はスリランカには到底返せる額ではありません。そこで、スリランカは、このハンバントタ港をこの先99年間中国に貸すことになりました。このように、一帯一路に参加することで、結果的に自分の国の港を自由に使えなくなってしまうこともあるのです。さらには、このような状況を見て、イタリアやパナマなど、この構想の撤退を決めた国も出てきています。

このように、大きく打ち上げた一帯一路構想ですが、習主席が当初思い描いていたようには進んでいないのが現状です。これからの一帯一路構想はどうなっていくのでしょうか。

COLUMN

バチカンはなぜ中国と国交がないのか

世界で一番小さい国、それはバチカンです。イタリアの首都・ローマの中にすっぽりと入るように存在し、その面積は0.4平方kmと、ディズニーランドよりも小さく、皇居の半分以下です。そんなに小さくてもれっきとしたひとつの国です。

しかしバチカンは中国とは国交を持っていません。その代わり、台湾と国交を持っています。台湾と国交があるのは世界に12ヵ国しかなく、その中でもバチカンはヨーロッパで唯一の国です。

なぜ中国とバチカンが国交を結んでいないのでしょう。それは宗教をめぐる問題があるからなのです。バチカンとは、ローマ・カトリック教会の最高権威であるローマ教皇の国で、政治も司法もすべてローマ教皇が行います。バチカンとしては自由に布教活動もしたいし、自分たちが任命した司祭を世界中に派遣したいと考えています。中国では、いちおう信教の自由はありますが、中国共産党が認めた司祭が、政府公認の教会で活動をすることしか認めていません。それはバチカンからすると、「ローマ教皇の国であるバチカンが認めた司祭がなぜ中国国内で活動できないのか」と反発することになります。

このように、国と国との間には、しばしば宗教をめぐる問題も絡(から)んでくるのです。

最大のライバル関係・アメリカと中国

中国を語るときには、アメリカとの関係を忘れてはいけません。アメリカと中国は世界第1位と第2位の経済大国で、この2つの国の国内総生産（GDP）を合計すると、世界全体のGDPの45％にもなります。この2ヵ国だけで世界の半分くらいの経済力になるのです。しかし、この2ヵ国はなかなか難しい問題も抱えています。なぜでしょうか。

そもそも冷戦期までさかのぼれば、アメリカは西側の資本主義陣営、中国は東側の共産主義陣営に属していました。したがって、そもそも冷戦期までさかのぼると、お互いが違う陣営に属していたのです。また、キリスト教が主流のアメリカは、中国には宗教の自由がないと批判し、バチカンと同じく宗教問題でも意見が違います。

加えて近年では、アメリカは中国を最大のライバル国と位置付けています。「ライバル」というと一緒に頑張ってお互いを高め合うみたいに聞こえますが、米中関係はそんなに平和なものではありません。どっちが勝ってどっちが負けるのかという関係です。

第3章でも触れたように、アメリカは分断社会です。保守とリベラル、共和党と民主党が対立しています。共和党と民主党はあらゆる面で意見が違うのに、ひとつだけ一致しているものがあります。それが中国への考え方です。これだけはめずらしくどちらの党も一致して、中国に対しては強い姿勢です。

トランプ大統領は、中国が安い製品を流入させてアメリカの国内産業を壊している、中国はアメリカの人工知能（ＡＩ）技術を奪っている、中国からアメリカに麻薬が流入しているなど、事あるごとに中国を激しく非難しています。ちなみにトランプ政権で国務長官（日本でいう外務大臣）になったマルコ・ルビオ氏は、以前から中国に対してとても厳しいことで知られていました。そのため、彼は中国から「入国禁止」という制裁をかけられていて、中国に入国できません。このように、外交を担う国務長官がそもそも入国できないということからも、アメリカと中国がいかに難しい問題を抱えているかがわかると思います。

習近平の生い立ち――ほら穴で暮らしたおぼっちゃま

そもそも習主席とはどんな人なのでしょう。

習近平は一言でいうと「いい家のおぼっちゃま」です。北京という都会生まれ・都会育ち、父親の習仲勲が中国共産党の幹部という、いわゆる「いい家」の生まれです。習近平は生まれた時から何不自由ない暮らしをし、名門幼稚園・名門小学校に通っていました。

しかし、９歳の時に人生が大きく変わります。父親が失脚してしまうのです。今まで何不自由なく生活していたのに、それまでとはうってかわり、悪いやつの息子だ、という扱いを受けるようになります。この時期の辛い記憶は習近平少年に深く刻まれました。
15歳になると、習近平は生まれ育った北京を離れ、陝西省(せんせいしょう)のとある農村に行かされることになりました。当時、都会の青年たちは田舎に行って勉強し直してくるべき、という大号令があったからです。勉強ばかりしていないで、ちょっと農村で汗を流してこい、という感じです。その大号令により、まだ幼い15歳の習近平は親元を離れ、田舎の村に旅立ちました。旅立ちの日、家族と離れる周りの少年が皆泣く中、列車に乗る習近平は笑っていたといいます。なぜなら、9歳の時に父親が失脚して以来、ずっと辛い扱いを受けてきたから、その環境からやっと抜け出せるから……。

田舎での暮らしは、都会とは全く違うものでした。「ヤオトン」というほら穴のような住居で寝泊まりし、肌の弱い習近平はノミやシラミに悩まされ、食べるものも満足になかったといいます。

電気もまともに通ってない田舎町でしたが、習近平は小さな灯(あか)りを頼りに本を読み漁(あさ)り、たくさんの読書ノートを記したといいます。ちょっと脱線しますが、わたしはこのエピソードを聞いて、やはり世界のすごい人たちは、みな読書家だなと思いました。イーロン・マスク、スティーブ・ジョブズ、そして習近平、彼らはみな読書家です。

そして習近平がつけていたという読書ノート、実はわたしもつけています。読書をすると、そのときは「すごくいい本だったな」とか、「勉強になったな」と思うのですが、読み終わっ

習近平が暮らしていた地区のヤオトンと呼ばれる住居（写真提供：NHK）

て数日すると、意外と内容を覚えていないものです。どんなに印象深い本だったとしても、恥ずかしながらわたしの記憶力では、ざっくり一つか二つのことを覚えていればいいほうです。なので、わたしも読書ノートをつけることにしています。ほとんど走り書きで人に見せられるようなものではないですが、それでもメモを読み返した時には「そうそう、こんなこと書いてあった！」と思い出すものです。みなさんもぜひやってみてください。

話を習近平の生い立ちに戻しましょう。読書家だった彼は、文字が読めない農村の人たちに本の内容を教えてあげたりもしました。

父の習仲勲が復権したこともあり、習近平はその後エリートコースに戻り、のちに福建(ふっけん)省(しょう)で暮らすことになりました。するとある日、少年時代を過ごした陝西省から手紙が届きます。差出人は陝西省の貧しい農村のある男性。男性は事故で大怪我をし、高額な医療費を払えずに困っていました。男性は昔のつてをたどり、すでに偉い人となっていた習近平にダメ元で助けを求める手紙を書いてみたところ、なんと本人から直接返事があったのです。手紙には、自分の住んでいる福建省まで来て治療をするよう書いてあり、その交通費まで同封されていたといいます。男性が手紙を頼りに福建省まで行くと、すでに病院が手配されていて、さらに習近平が治療費をすべて負担してくれたというのです。なんだか怖いイメージがある習主席にもそんなあたたかい一面があるのですね。

COLUMN

冷やし中華が本場で流行(はや)らない理由

夏の風物詩といえば冷やし中華です。街で「冷やし中華はじめました」という看板を見ると、「今年もこの時期がきたか」と夏の到来を感じます。「中華」というからには中華料理の本場・中国で流行っていそうなものですが、中国で冷やし中華は見かけません。

そもそも中国人は冷たい食事を好みません。なぜなら、冷たい食事はおなかに悪いと考えられているからです。そのため、基本的にはあたたかいものを食べ、お茶などの飲み物でもあたたかいものを好みます。

中国で「冷やし中華」は「日式冷麺(にっしきれいめん)」と呼ばれていて、まさに中国からすると日本の食べ物なのですね。日本では「中華」と呼び、向こうでは「日本の料理」と呼んでいるのはなんだかおもしろいですね。

そんな中国で冷やし中華的な存在といえば、「涼皮(リャンピー)」という麺料理です。平打ち麺にきゅうりなどの野菜をトッピングし、醤油(しょうゆ)やラー油などの調味料をかけていただく料理です。この涼皮の発祥は、習主席が少年時代を過ごした陝西省です。習少年も涼皮を食べて夏を感じていたのでしょうか。

国と個人は違う、ということ

世界第2位の経済大国・中国の道のりは、習主席自身の人生がそうだったように、平坦な道ではありません。不動産バブル崩壊による経済不況、一帯一路の難局、国内の貧富の差、アメリカとの関係など、これからもたくさんの困難が待っていそうです。

中国の未来は日本にとっても他人事ではありません。日本人の15%の人しか親近感を感じていなくても、日本と中国はお互い引っ越しできない隣人です。だから、お互いに関心を持って、話し合って、仲良くやっていくしかありません。

ここでひとつ伝えたいのは、国とその国の人は違う、ということです。**いくら国に対して親近感を感じていなくても、その国民と一人の個人として向き合えば、分かり合えることもあるし、仲良くなれることだってあります。**そしてそのような個人の関係が積み重なれば、いつか大きな国と国との関係になるのです。わたしも、日本に旅行に来ている中国人が困っていたら助けてあげようと思うし、仲良くなれる機会があればどんどん腹を割って話します。中国に親しみを感じていない85%の人もぜひ中国に関心を持って、まずは個人として仲良くなってみてください。それがきっと未来の日中関係を切り拓いていくはずです。

第 5 章

香港は終わったのか

"Hong Kong is over."

「Hong Kong is over.（香港は終わった）」。2024年、あるアメリカ人エコノミストの衝撃的な言葉が、フィナンシャルタイムズ紙を飾りました。

100万ドルの夜景で有名な香港。日本人に人気の観光地で、たくさんの日本企業も進出しています。その香港が「終わった」とは、どういうことなのでしょう。

そもそも香港ってなんだったっけということから、今香港で何が起きているのか、そして香港は「終わった」のか、一緒に見てみましょう。

そもそも香港とはなにか

そもそも香港とは何なのでしょう。日本から飛行機で約5時間。中国大陸の南端に位置し、面積は東京都の約半分くらいの大きさで、人口は740万人です。

香港出身のわたしの友人は、「あなたはどこの出身？」と聞かれると、こう答えます。「アイ・アム・フロム・ホンコン」。彼女は、決して中国とは答えません。別に中国が嫌いなわけではないし、香港が中国の一部であることを否定しているわけでもありません。しかし彼女は、自分は中国人ではなく香港人だという認識を持っています。

香港はイギリスから中国へ返還されたという経緯を持ちますが、そもそもイギリスと中国は全く違う国です。イギリスは西側の資本主義の国ですが、中国は社会主義の国です。そこで、全く違う環境に急激に移行することで混乱するのを防ぐため、**50年間は中国の社会主義には移行しないという約束がなされ、香港には「高度な自治」を認める**こととなりました。これを「一国二制度」といいます。

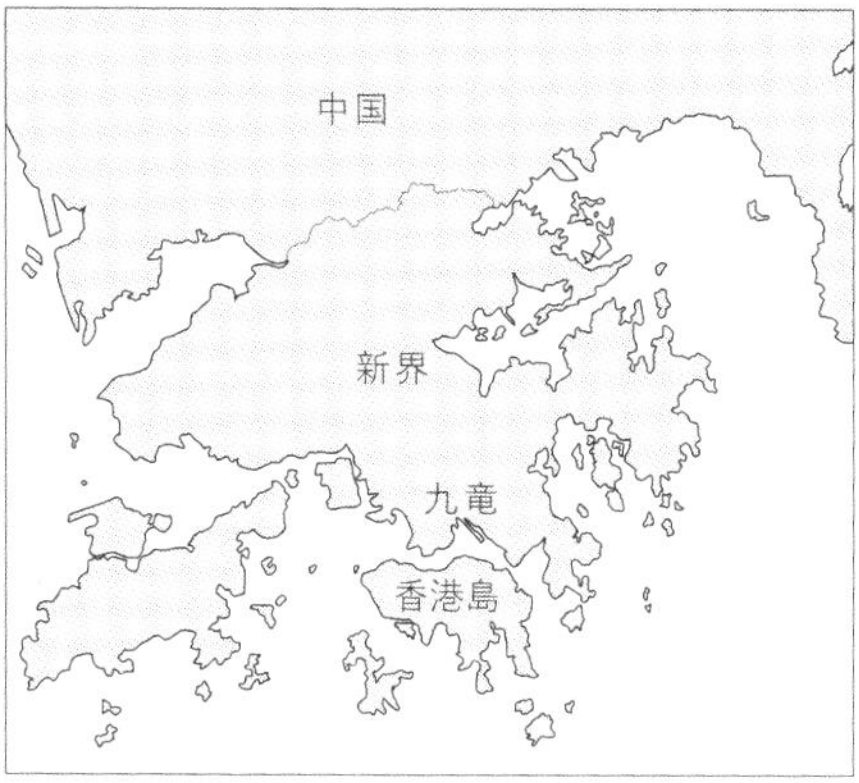

イギリスの租界だった香港、新界、九竜

香港は本土の中国といろいろ違うところがあります。自動車の車線も、中国では右側通行ですが、香港は日本と同じ左側通行です。イギリスの車線が左側通行ですので、イギリス統治時代の名残ですね。ちなみに、イギリスの植民地だった国の多くがイギリスと同じ左側通行です。インドをはじめ、ケニアやウガンダ、ジャマイカなどの国でも左側通行が採用されています。このように、車線ひとつとっても、その国の歴史がわかるのはおもしろいことですね。

税金の制度や社会制度も違います。香港にモノを輸出するのに関税はほとんどかかりません。また、法人税は16・5％（日本は23％）、所得税も最高で15％（日本は最高45％）と、税金がとても安いのが特徴です。そのような税金の低さに惹かれ、多くの企業が進出しました。法制度がイギリスに近いことも、欧米の企業の進出を後押ししました。

このように、ビジネスしやすい環境と自由な空気のもと、香港はとてもインターナショナルな地域として栄えてきました。

香港の自由はどこへいくのか……？

しかし今、香港の自由を心配する声があります。なぜなら近年、香港の自由や言論を制限するような動きが後を絶たないからです。

２０１５年、香港で書店を営んでいた人が次々と姿を消します。彼らに共通していたのは、お店で中国共産党や習近平主席に批判的な本を扱っていたということ。謎の失踪がさまざまな憶測を呼びましたが、翌２０１６年になり、一部の人が帰国すると、実は中国本土に連れて行かれ、尋問されていたことが判明しました。彼らは香港に戻ると、自分の書店をしずかにたたみました。

時は流れ、２０１９年、香港で大規模なデモが起こります。最大で１００万人以上、香港人の７人に１人が参加している計算になります。この大規模なデモのきっかけになったのが、犯罪人引渡しに関する条例の改正です。なぜかというと、この条例の改正により、香港で罪を犯した場合に、それまでは香港の中で裁かれていたのに、それからは中国本土へ引き渡されるかもしれないと危ぶむ声があったからです。香港市民の中には、犯罪がでっち上げられたり、この条例を悪用したりして中国本土に連れて行かれるのではという不安が広がりました。書店の人たちの失踪事件もあったので、その不安はなおさらです。市民の必死の訴えにより、さすがに政府側も折れ、条例の改正はいったんストップとなりました。

しかし、香港の試練はこれだけではありません。

２０２０年に中国本土において、国家安全維持法という法律ができます。この法律では、国を分裂させることや、政権を転覆させるようなことが禁止され、最大で終身刑が課されることになりました。

ここでいう「国家」とは、もちろん中国のことです。つまり、香港において中国を分裂させるようなことをしてはいけませんよ、中国の政権を転覆させるようなことをしてはいけませんよ、もしそれをしたら終身刑になるかもしれませんよ、というものです。

このような香港での変化を受けて、香港での自由が奪われるのではないかと心配する声が広がり、フィナンシャルタイムズにあったように、「香港は終わった」と言う人たちが出てきたのです。

亡命(ぼうめい)を余儀(よぎ)なくされた27歳の女性

2023年11月、香港の裁判所が23歳の若い女性を有罪にしました。この女性は2018年から日本に留学していて、その留学中、フェイスブックに香港の独立を支持するような書き込みをしたとして起訴されたのです。この判決は香港のみならず、世界に衝撃を与えました。つまり、香港ではない場所、日本での言動が原因で投獄(とうごく)されたのです。これではもう世界中どこにいても安心できませんよね。

国家安全維持法ができた頃、これまた23歳の香港の女性が、イギリスの公共放送・BBCが選ぶ「今年の女性100人」に選ばれました。この女性の名前は周庭(しゅうてい)(英名：アグネス・チョウ)。彼女は10代の頃から、香港の自由や人権を守る活動をしていましたが、その活動によって有罪判決を受け、約半年間刑務所にいました。出所後、カナダの大学院への留学を志したものの、パスポートを没収されていたため、すぐには出国できませんでした。最終的に彼女は、二度と政治活動をしないことを約束させられ、カナダへの出国を認められました。しかし留学先のカナダで、「もう香港に戻ることはない」と事実上の亡命を宣言し、今に至っています。しかし香港警察は、約束に違反しているとして彼女を指名手配しています。亡命を宣言した当時、彼女はまだ27歳でした。27歳という若さで、生まれ故郷に二度と戻ることができない、というの

デモで演説する周庭氏＝2018年1月28日（写真：朝日新聞）

「逃亡犯条例」改正案に反対するデモの参加者ら＝2019年6月9日、香港（写真：共同通信）

はなんとも胸の痛む話です。

周庭さんは、日本のアイドルやアニメが好きで、自身のことを「オタク」とも言っています。アニメを見ながら学んだ日本語は、とても上手で、彼女の勤勉さを感じます。彼女が望むことは、「ただ自由に生きたい。そして安全に生きたい」というとてもシンプルなものです。そんなシンプルな彼女の願いが叶(かな)わないことは、とても悲しいです。

今日の香港は明日の台湾(たいわん)なのか……？

香港は180年以上もの間、自由を享受し、繁栄してきました。しかし、ここ数年間の動きだけで、今やこの自由は危ぶまれています。

このような状況を、わたしたち日本人としても他人事(ひとごと)として眺めるべきではありません。わたしたちは普段の生活の中で、「デモに参加したら逮捕されるかな」とか、「SNSでこの投稿をしたら警察から目をつけられるかな」なんていう恐怖を覚えることもありません。何の制限もなくインターネットやSNSを使い、世界中の情報に自由にアクセスできます。

しかし、このような自由は、実はとても脆く、あっという間に奪われかねないものです。だから、わたしたちが普段当たり前だと思っている自由や権利は、思っている以上に必死で守らなければいけないものなのです。

日本も、ぼうっとしていたらいつかわたしたちの自由は奪われてしまうかもしれません。自由や権利は当たり前だと思ってはいけない。そのことを、香港は日本そして世界に教えてくれたのです。

そんな香港の状況を、わたしたち日本人とはまったく異なる危機感を持って見つめる人たちがいます。それが次の章でお話しする台湾です。

COLUMN

首を横に振ると「イエス」、縦に頷(うなず)くのは「ノー」のブルガリア

バルカン半島の東側、黒海に面した国、ブルガリア。ヨーグルトや力士の琴欧州(ことおうしゅう)（今は鳴戸(なると)親方）を思い浮かべる人が多いでしょう。このブルガリアでは、少し変わったジェスチャーがあります。

普段わたしたちは、「イエス」の時に首を縦に振り、「ノー」の時に首を横に振ります。しかし、ブルガリアでは伝統的にイエスとノーが逆なのです。「イエス」の時に首を横に振り、「ノー」の時に首を縦に振るのです。わたしたちからすると、なんとも紛(まぎ)らわしいですね。

もっとも、最近ではわたしたちと同じように、イエスは頷(うなず)き、ノーは首を振る場合も増えてきているようですが、ブルガリアに行ったら、イエスなのか、ノーなのかはきちんと確認したほうが良さそうですね。

ちなみにこのブルガリアは伝統的にロシアに近い立場の国でしたが、今はEU（欧州連合）の一員でもあります。ウクライナ戦争をきっかけにヨーロッパとロシアの対立が深まる中、ブルガリアはロシアとヨーロッパの間に挟まれた国としての舵(かじ)取りを求められています。今のブルガリアにとっても、イエスとノーをしっかり言うことが大事ですね。

―第 6 章―

今こそ知っておきたい台湾のこと

香港の次は自分たちかもしれない……

香港での出来事に誰よりも危機感を抱いたのは、台湾の人たちかもしれません。なぜなら、中国は台湾を統一した際には、他でもない「一国二制度」にしようと提案しているからです。一国二制度でそんなことが起きるなら、自分たちにとっても他人事ではないかもしれない、そう思った台湾の人は少なくありません。

習主席は、台湾統一という願いをたびたび口にしています。もちろん平和的に統一することを目指していますが、統一のためなら武力行使も辞さないというのが中国の立場です。しかも、2027年までに台湾統一に向けた動きが起こるとの見方もあります。なぜ2027年なのでしょう。それは、2027年という年がちょうど習主席の共産党総書記として3期目の任期が切れる年だからです。つまり、2027年は、4期目にいけるかどうかの正念場の年なのです。

現在、異例の3期目に入っている習主席は、偉大な指導者を目指しています。しかし、今のところ残念ながら目立った功績はありません。不動産バブルが崩壊して経済も悪くなってしまったし、声高に提唱した一帯一路構想もあまりうまくいっていません。

中国の歴史の中で偉大な指導者とされる人は、建国の父である毛沢東、そして中国の経済を大いに発展させた鄧小平です。習主席はこの2人に並ぶどころか、もっと偉大な指導者になりたいと思っているはずですから、この2人以上の功績を残さないといけません。

では、彼が成し遂げたい功績とは何でしょう。もし3期目が終わる2027年までに悲願の台湾統一を果たせたら、「ほらやっぱり3期もやる人なんだからすごいでしょ」というお墨付きがもらえます。歴史に名を残し、素晴らしい功績を残して4期目に入りたい、そう思っていても不思議ではないでしょう。

「アタマコンクリ」という言葉が通じる台湾

そもそも台湾とはどんな場所でしょうか。

東京から飛行機で約4時間、日本の南方に浮かぶ島です。沖縄の与那国島（よなぐに）からは、天気が良ければ肉眼で見ることができるくらい近いところですので、日本人観光客も多く訪れ、親日的なことで知られています。

面積は九州よりもやや小さいくらい、人口は約2300万人です。台湾は、日清（にっしん）戦争に勝ったことで日本が初めて獲得した植民地です。台湾が親日的なのは、この時代の日本の統治が良かったからだ、と言われています。日本文化や日本語は今でも台湾に根付いていて、李登輝（りとうき）元総統が使っていたことでも有名な「アタマコンクリ」という日本語っぽい言葉が「頭の固いヤツ」という意味で使われています。他にも「運ちゃん（運転手）」、「ベンドン（お弁当）」、「アタマショート（頭おかしい）」など、日本語のような言葉が台湾にはあふれています。

そんな台湾の街中を歩くと、小籠包（ショウロンポウ）や魯肉飯（ルーローハン）の美味しそうな香りがするとともに、見慣れない看板を見かけます。それが、地下シェルターの看板です。

台湾では、地下駐車場などが一時的に避難する場所として指定されています。大きなマンションや商業ビルを建設する際には、そのような施設を付けることも義務付けられています。**シェルターに収容できる人数はなんと台湾の人口のおよそ3倍。**台湾の人がどれだけ日頃から危機感を感じているかがわかります。

さらに台湾には兵役（へいえき）があります。２０２４年には、それまで４ヵ月だった兵役期間が、昔と同じ1年に戻されています。台湾の切迫（せっぱく）感（かん）が再び増していることが表れていますね。

シェルターの場所を知らせる張り紙。台北の街を歩くといたるところで見かける

もし台湾で何か起きたら……

万が一台湾で何かが起きたら、日本にも飛び火する可能性が高いです。だから、わたしたち日本人は、台湾で起きる出来事を自分事

としてとらえなければいけません。さらに、台湾には2万人を超える日本人が住んでいますので、緊急事態があれば、台湾にいる日本人を無事に救出しなければいけません。**中国から台湾まで、戦闘機であれば7分で到達します。**もちろん、台湾侵攻という大きなことにはいろいろ準備も必要ですから、今すぐに始まって7分後には……というわけではありません。たとえば、ロシアのウクライナ侵攻も、すごく急だったと感じている人も多いかもしれませんが、実際には前の年の秋くらいから、ウクライナとの国境付近にロシア軍が集結するなどの前兆がありました。**しかし、もし中国側が決断したら、そこから事態が動くのは早いでしょう。**だから、台湾で何か起きてから考えるのでは遅いのです。わたしたち日本人としても、普段から台湾に関心を持ち、台湾について考えておくべきなのです。

頼清徳総統とはどんな人物か

台湾の内政を見てみましょう。

台湾には、民進党と国民党という二つの大きな政党があります。国民党は中国生まれの政党なので、「中国とは仲良くしたほうがいい」という考えが強く、その一方で民進党は中国とは距離があり、「台湾は台湾なんだ、中国とは違うんだ」という考え方が強いです。

台湾のトップは、「総統」と呼ばれます。現在の総統は、民進党の頼清徳という人です。

総統選の集会で演説する頼清徳氏（写真：産経新聞社）

彼はもともとお医者さんです。炭鉱労働者の家庭に6人兄弟の5番目として生まれましたが、生後3ヵ月の時に父親を炭鉱の事故で亡くし、母親が女手ひとつで育てました。母親は教育熱心な人で、幼少期の頼清徳はとにかく勉強しました。一方で野球好きでも有名で、「ミスターベースボール」というあだ名まであるほどです。

頼総統はとても端正な顔立ちをしていて、日本人俳優の大沢たかおさんに似ているといわれています（本人は恐縮のあまり否定）。しかし彼には、そんなさわやかな見た目とは似ても似つかないなかなか激しい過去があります。

医者である彼はたくさんの人を助けてきました。しかし、それと同時に、自分自身も救急車のお世話になったことが何度かあります。まず彼が40歳の時、当時の政府に反対するハンガーストライキ（ハンスト）に参加していた時のことです。ハンストとは、飲まず食わずで座り込みをし、抗議の意思を訴えるものです。11日間、そんな飲まず食わずのハンストを続けた頼清徳は、失神して倒れます。あわてて駆けつけた救急車のおかげでなんとか命は助かりましたが、重度の脱水症状を起こしており、かなり危険な状態だったといいます。お医者さんなのに、なんで無謀なことをするのでしょう。しかしこの事件のおかげで、頼清徳の知名度は一気にあがります。

次に彼が救急車のお世話になったのは、44歳の時。一方通行を逆走する車を注意したところ、逆上した運転手らからバットで殴られたのです。頼清徳は目と頭に重傷を負い、救急車で緊急搬送されました。

このように、爽やかな見た目からは想像もできない波瀾万丈な人生を送る頼総統ですが、彼にはこれまで以上に困難な道が待ち受けていそうなのです。

「ミスターベースボール」は、自らマウンドに立って、これからどのような試合展開を見せるのでしょう。

「選挙のためなら帰国する」

台湾の人は、自分たちの自由や民主主義を必死に守ろうとしています。その精神は、投票率の高さに現れています。直近の総統選挙の投票率は70％超え。日本で最近行われた衆議院議員選挙の投票率が54％だったことと比べると、台湾の投票率がいかに高いかがわかります。

しかも台湾のすごいところは、期日前投票も、在外投票もないのです。つまり、選挙当日しか投票できず、また海外に住んでいる人は投票のために帰国しなければいけません。それでも台湾の人たちは、選挙のために海外から帰ろうとするのです。

期日前投票も在外投票もないのに7割を超す投票率を誇っているのは、台湾の人が自らの手で自らのリーダーを選ぶ権利を重視しているからでしょう。これには日本人であるわたしたちにも見習うべきところがありそうですね。

中国の軍事費は10年で2倍に

「祖国統一は必須であり必然だ」

「自身の任期中に台湾統一を目指す」

「武力行使を放棄しない」


これらはすべて、習主席自身の言葉です。彼は自分の任期中に台湾統一をすることを目指しています。習主席がいつまで国家主席でいるかわかりませんので、ここでいう「任期中」というのがいつのことなのかはわかりません。とはいえ、少なくともこれだけ台湾統一について語っているということは、なにか具体的なアクションを考えているのでしょう。

中国の国防費はここ10年で2倍以上になり、その軍事力をどんどん拡大しています。

2024年には、中国が国産で新たに建設した最新型の空母（くうぼ）が進水（しんすい）しています。空母というのは、いわば「動く軍事基地」ですので、海を越えた場所を攻めるのに非常に役に立ちます。**この最新型空母の名前は、「福建」**。福建とは、福建省からきています。そして、その**福建省は、台湾の対岸にあるのです。**

ちなみにこの福建省とは、習近平が国家主席になる前に長らく働いていた場所です。福建省にいれば、台湾に触れる機会も多かったことでしょう。当時は福建省から対岸をどう見ていたのでしょうか。台湾統一への思いを強くしたのでしょうか。

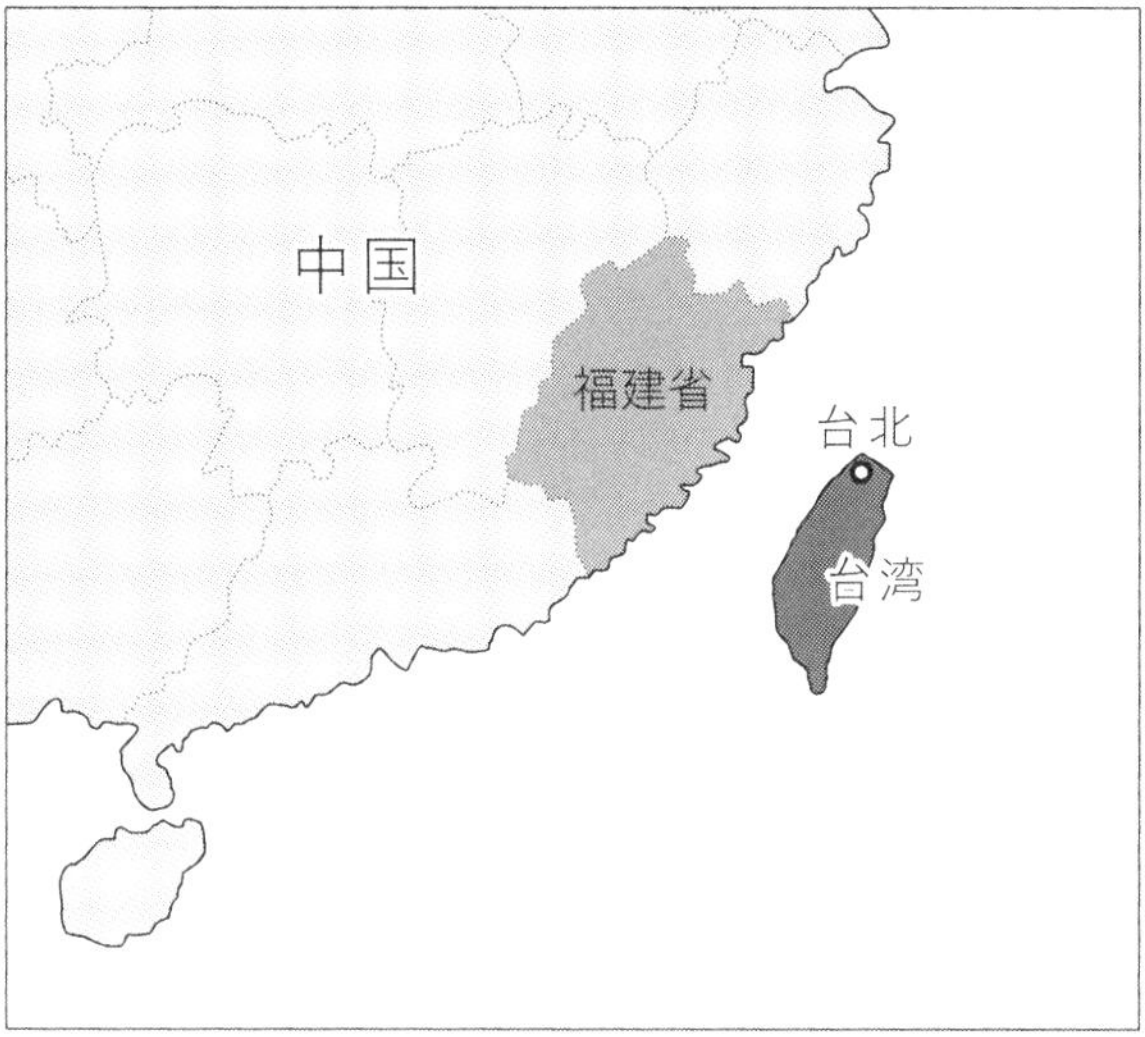

台湾と福建省は海を挟んで向かいあっている

台湾を守るとも守らないとも言わないアメリカ

台湾と中国の軍事力は比べものになりません。**圧倒的に中国のほうが強いです。**中国と台湾を比べると、軍事費はおよそ17倍、兵力は12倍です。中国は最新の空母や潜水艦も持っていますし、なにより核兵器を持っています。台湾としても、兵役を長くしたりいろいろと頑張ってはいますが、なにせ人口も経済規模も圧倒的に違います。

そこで台湾が頼りにするのはアメリカです。しかし肝心のアメリカはどう言っているのでしょう。実はアメリカは、台湾を守るかどうかについては何も言っていません。「台湾を守るぞ」とも、「守らないよ」とも言っていないのです。しかし**これは、ただ黙っているのではなく、あえて何も言わないという戦略です。**

というのも、もしアメリカが「何かあった際には台湾を守るぞ！」と言った場合、中国vsアメリカの構図になってしまい、不必要な緊張が生まれます。中国としてももしそんなこと言われたら、ファイティングポーズを取らないといけないですからね。**だから、あえて台湾については何も言わず、「あいまい」にしています。このアメリカの方針を「戦略的曖昧さ」と呼びます。**

もっとも、アメリカは「戦略的曖昧さ」と言っているけど、なんだかんだ台湾を放っておくことはないと思います。しかし、ここで注意しなければいけないのは、アメリカ軍全部が台湾に対応できるわけではないということです。つまり、いくらアメリカ軍が強いといっても、そのすべてを台湾に投入できないということです。

世界一の軍事大国であるアメリカは、軍の規模も大きければ、最新鋭の武器も持っています。しかし、アメリカ軍は世界中に展開しています。ドイツには大規模な基地がありますし、バーレーンなどの中東諸国、マーシャル諸島などの太平洋の国にも展開しています。皆それぞれの土地で任務がありますので、台湾で何かあったとしても、いきなり「全員集合！」というわけにはいかないのです。

そうなると、世界に散らばっているアメリカ軍が忙しければ忙しいほど、台湾での問題に対応できるアメリカ軍は少なくなります。つまり、ウクライナや中東など、**アメリカ軍が他のことで忙しければ忙しいほど、アメリカ軍はより台湾のほうには対応できなくなるということなのです。**

中国人は本当に戦いに行くだろうか

ここまでみてくると、中国軍って強いんだな、もし何かあったら本当にやばいな、と不安にさせてしまったらごめんなさい。

たしかに、中国軍の規模はすごいですし、わたしたちも危機感を持つべきだとは思います。しかし、中国人に本当に戦う気があるのかはよくわかりません。別の言い方をすれば、いくら台湾統一という大号令がかかったとしても、国民がどれだけついてくるかは不明です。

とりわけ、中国は２０１５年まで一人っ子政策を取っていたので、兵隊になりそうな青年期の男性は、ほぼ一人っ子です。自らの後継ぎとして念願の男の子を授かり、手塩にかけて育て上げた一人息子を、簡単に戦場に送るでしょうか。中国の親世代は、そのようなことを許すでしょうか。いつの時代も、戦争をしたがるのは実際には戦場に行かない人ばかりです。でも、戦地の最前線に立つ人がいなければ戦争はできません。

さらには、仮に台湾を統一することに成功したとして、中国はそれで満足なのでしょうか。台湾には民主主義があり、言論の自由があります。２０００万人の台湾人が民主主義の中で生き、言論の自由を知っています。アジアで初めて同性婚が認められたのは台湾です。そんな自由な空気が中国本土に流れてきたら、多くの中国人が自由を知り、目を覚ますでしょう。それこそ、中国共産党の足元が揺らいでしまうのではないでしょうか。

台湾をどうしたいのか、本当にどうするつもりなのか、それは習主席に聞いてみないとわかりません。しかし、本当に戦う気があるのか、そして本当に戦った先に中国共産党が望む世界があるのかは、注意深くみていかなければなりません。

台湾の人が望む「現状維持」

台湾の人はどう思っているのでしょうか。

台湾での世論調査によると、台湾のほとんどの人が「現状維持」を望んでいます。独立も統一もしない、今のままということです。

「自分のことを中国人だと思いますか、それとも台湾人だと思いますか」というアンケートに、約６割の人が「自分は台湾人だ」と答えています。３割ほどの人が「中国人と台湾人両方だ」と答え、「中国人だ」と答えた人は２・４％しかいませんでした。特に若い世代には、「自分は台湾人だ」との考えがいっそう浸透しています。

一方で、台湾にとって中国は最大の貿易相手国です。**台湾の輸出の25％、輸入の20％が中国との貿易です。つまり台湾にとって中国はお得意さんなのです。**だから、お得意さんの機嫌を損ねることはあまりしたくないというのも本音です。

「現状維持を望む」というのは、別に今からあえて独立宣言をする必要もないし、かといって統一もしない。中国の一部になるのは絶対に嫌だけど、中国を刺激するのも嫌だから、今のままがいい、と考えることです。

中国と台湾はもう離れて１３０年も経っています。１世紀以上もあれば、人も国もいろんなことがあります。考え方だって変わります。そもそも１３０年前には、今の中華人民共和国は存在しませんでした。今さら、「もともと同じだったでしょ。だからやっぱり一緒になろうよ」と言われても、それはなかなか受け入れ難いですよね。

習主席が台湾にこだわる理由。異例の３期目の功績なのか、それともかねてからの夢なのか。真意は本人に聞いてみないとわかりませんが、台湾に関してまだお話ししていない重要なテーマがあります。それが半導体です。

台湾といえば忘れてはならないのが半導体です。「半導体」ってよく聞くけど、いったいどんなものなのでしょう。次の章では、台湾と深い関わりのある半導体についてみていきましょう。

COLUMN

日本とポーランドを結ぶ「リンゴ」の木

20世紀初頭、ロシア革命の後の混乱で親を失ったポーランド人孤児が、極寒のシベリアに取り残されていました。それまであまり交流のなかったポーランドと日本ですが、他に頼るところがなかったポーランド人は、日本に助けを求めました。日本はそれを快諾。約８００人のポーランド人孤児がシベリアから福井県・敦賀(つるが)に上陸しました。

敦賀の人はお腹を空かせた孤児たちをあたたかく迎え、食料を与えました。敦賀の人たちの優しさに触れ、おかげですっかり元気になった孤児たちは、ポーランドに帰っていきました。

祖国に帰った孤児たちは、日本での思い出を語り継ぎ、今の日本とポーランドの友好関係の基礎になっています。お腹を空かせたポーランド人孤児たちが上陸してから１００年以上経ち、現在の敦賀にはポーランドと日本の友好を象徴するリンゴの木が植えられています。

ポーランドは大変な親日国です。日本語を学んでいる人もたくさんいて、首都にあるワルシャワ大学の日本語学部の倍率は20倍にもなっているそうです。こういう親日国の存在はとても嬉しいですね。１００年前に敦賀の人が結んでくれた絆を、わたしたちももっとつなげていきたいですね。

―― 第7章 ――

「半導体」を制するものは世界を制する

半導体ってそもそも何?——シリコンバレーの由来

アメリカ西海岸、サンフランシスコあたりの地域を「シリコンバレー」と呼びます。そもそも「シリコンバレー」という名前は、半導体の原料である「シリコン」からきています。つまり、シリコンバレーとは、半導体を製造する地域というのが語源なのです。

最近、「半導体」という言葉をよく聞きますが、そもそも半導体って何でしょう。

電気を通すものを「導体(どうたい)」と呼びます。「鉄」とか「銅」などの金属が代表的です。反対に、電気を通さないものを「絶縁体(ぜつえんたい)」と呼び、ガラスやゴムなどの素材がそれに当たります。半導体はその中間で、**電気を通したり、通さなかったりするもののことを指します。**半導体の代表的な素材がシリコンです。シリコンは、普段は電気を通さないのですが、ある薬液を塗ったり、特殊な加工をしたりすると、電気を通すようになります。このように、電気を通したり通さなかったりする物質、という意味で、「半導体」と呼ばれます。そして、この時は電気を通し、この時は通さない、という条件をつけた「回路」と呼ばれるものをこの素材の上に刻みます。この回路が増えれば増えるほど、より複雑な情報処理ができるようになります。

半導体は、ほぼすべての電化製品に使われていて、半導体が使われていない電化製品を探し出すほうが大変です。スマホ、テレビ、自動車、電子レンジ、洗濯機、すべてのものに半導体が使われています。特にスマホには複雑な半導体が必要で、たとえば iPhone には、１５０億を超える回路が刻まれた半導体が搭載されています。

このように、現代人のわたしたちの生活は半導体であふれていて、半導体がなくては成り立ちません。だからこそ、世界は半導体を求めて競い、それが争いの火種になります。半導体をめぐる各国の動きを見てみると、今の世界にどのような対立構造があるのかがわかるのです。

なぜ半導体は「現代の石油」と呼ばれるのか

半導体は、わたしたちの身の回りの電化製品だけでなく、軍事兵器にも使われます。最先端の軍事兵器には最先端の半導体が必要で、強い軍を持つためには最先端の半導体が必要になります。このように、**もはや半導体は国家の命運を握るものにまでなっていて、半導体を制するものは世界を制する**、と言ってもいいくらいなのです。

ひと昔前、世界は石油をめぐって争っていました。日本を先の戦争に駆り立てたのも石油です。１９３０年代、戦前の日本は、石油のほとんどをアメリカに頼っていました。しかし、１９４０年の日本のインドシナ（現在のベトナム）進駐（しんちゅう）をきっかけに、アメリカは日本への石油輸出を禁止しました。足りなくなった石油を求めて日本は東南アジアに進出し、その後太平洋戦争に突入していくことになりました。このように、日本は石油が原因で戦争にまで発展したのです。

今や半導体は「現代の石油」と呼ばれています。なぜなら、半導体は現代人の生活に欠かせないだけでなく、国家の命運まで握ってしまっているからです。まさに、半導体を制するものは世界を制するのです。そして半導体をよく見てみると、そこから世界の対立構造や戦争のリスクなど、世界のことがよく見えてきます。

では、半導体をめぐって今何が起きているのか、見ていきましょう。

半導体はどのように作られるのか

なぜ石油をめぐって世界が争ったかというと、それは石油が限りのある資源だからです。無限にあるものだったら誰も争いません。実は半導体も同じで、ごく限られたところでしか作ることができません。半導体も石油と同じ、限られた資源であるというわけです。

まず、半導体の製造には、大量の水と安定した電力が必要となります。世界広しといえども、大量の水と安定した電力がある場所というのは、そうありません。なので、半導体の製造はどこでもできるわけではありません。とりわけ、最先端の半導体を製造できるのは、今のところ台湾、韓国、アメリカくらいです。そう考えると、半導体は石油よりももっと限られた資源といえるかもしれません。

さらに、半導体の製造は一つの場所で完結しません。半導体を作るには、設計、製造、点検など20以上の工程が必要となります。これらの工程はどこか一ヵ所でできるものではなく、設計はアメリカ、製造は台湾、最後の点検は日本、といった形で、半導体は世界を旅してわたしたちの手元に届きます。その長い工程のうちどれか一つが欠けても、きちんとした半導体にはなりません。違う言い方をすれば、この一連の流れから外れたら、半導体を作るのが難しくなります。

もう一つ注目すべきは、半導体産業では、ある会社が世界のシェアを独占しているということがしばしばあるということです。たとえば、わたしたちが使うiPhoneに入っている半導体のほぼすべてが台湾のＴＳＭＣという会社で作られています。また、最先端の半導体を作るのに必要な「ＥＵＶ露光装置」という装置がありますが、この装置の世界シェアはほぼ１００％、オランダのＡＳＭＬという会社が持っています。最先端の半導体を作ろうと思ったら、オランダから輸入するこの装置が必要です。ちなみにこのＥＵＶ露光装置のお値段は1台２００億円以上。日本にあるのはたったの1台、２０２４年の末にようやく導入されたものです。

このように、半導体はいろんな国と協力しないと作れないもので、その一連の流れから外されるととても困るものなのです。

アメリカの半導体規制

2022年の10月、半導体業界に大きな出来事が起きました。アメリカが中国に対して、半導体に関する規制をすると発表したのです。

アメリカは、アメリカ国内で製造される最先端の半導体を、中国向けに輸出することを規制しました。半導体を作る工程はひとつの国で完結できるものではありませんので、他の国と協力できなくなることは中国にとって大きな痛手となります。

最先端の半導体を作るためには、アメリカからしか手に入らない機械もあります。たとえば、半導体製造の一番はじめの工程である「成膜（せいまく）」という工程。この工程を行う成膜装置は、アメリカの企業がほぼ独占して作っています。成膜を行う機械がなければ、半導体を製造することは不可能です。アメリカはこの成膜装置を中国向けに輸出することを規制しました。

もちろん中国としては、このようなアメリカの措置（そち）に強く反対しています。しかし同時に、輸入できないなら自分たちで作ればいいじゃないか、と中国国内で製造しようという努力もしています。その結果、今や中国の半導体技術の発展は目覚ましく、その技術力はアメリカや台湾のそれに迫ってきているのも事実ですので、中国の底力もなかなかのものです。

業界トップを走る台湾・ＴＳＭＣ

みなさんは「Apple」という会社は何の会社だと思いますか。多くの人は「iPhone を作っている、スマホの会社でしょ」と答えると思います。しかし実際の iPhone の組み立ては中国やインドで行われていて、Apple 社がしているのは iPhone に搭載(とうさい)されている半導体の設計です。だから、Apple 社というのは半導体の会社、といっても過言ではありません。そして iPhone **に入る半導体のほぼすべては、台湾のＴＳＭＣで製造されています。**

日本でも意外な会社が半導体に関連しています。たとえば「味(あじ)の素(もと)」。日本が誇る調味料の会社ですね。しかし味の素は、半導体の材料のひとつである絶縁材(ぜつえんざい)という材料の生産で、世界のシェアのほぼ１００％を誇っています。こんなふうに、意外な会社も半導体の製造に関わっています。

iPhone は機種が新しくなるたびに性能が上がっていますが、それは iPhone の中の半導体が進化しているということを意味します。だから、新しい iPhone を買うというのは、ＴＳＭＣの新しい半導体を買っているということと同じです。

このように、**半導体といえば台湾、台湾といえば半導体なのです。**そしてそのトップを走るのが、先ほどから何度か出てきているＴＳＭＣという会社です。

ＴＳＭＣの創業者であり現在の会長でもあるモリス・チャンは、もともとアメリカで働く半導体の技術者でした。彼はとても優秀ではありましたが、普通に働く技術者のひとりでした。そんなひとりの技術者が、なぜこのような世界のトップ企業を作り上げたかというと、そこには歴史の不思議な導きがありました。

時は１９６０年代のベトナム戦争までさかのぼります。アメリカが支援する南ベトナムと、中国が支援する北ベトナムの戦いは、思った以上に長期化していました。アメリカの圧倒的な軍事力を前に、北ベトナム勢力はゲリラ戦を展開し、粘り強い抵抗を見せます。なかなか北ベトナムを攻略できないアメリカは、戦争が長期化するにつれて消耗し、その結果アジアの他の国に対する支援を減らしていきます。

アメリカの支援に頼っていた台湾にとって、これは非常に困ったことでした。そこで台湾は、アメリカの関心を台湾につなぎ止めるため、アメリカとの経済的な結びつきをより強くしようと考えました。そこで目をつけたのが半導体です。台湾当局はモリス・チャンに目をつけ、台湾で半導体の工場を開設するよう持ちかけ、これがＴＳＭＣ創設のきっかけとなりました。ベトナム戦争がきっかけで台湾が半導体トップに躍り出るということは、歴史の不思議な導きとしかいえません。また、アメリカの援助が減ることに危機感を抱き、自分たちで生きる道を作りあげた台湾の生命力は、わたしたち日本も学ぶべきところが多いように思います。

「ナノ」という単位とは何か

そもそも「最先端の」半導体ってどんなものなのでしょうか。

半導体の精密度を表す単位を「ナノ」といい、数字が小さければ小さいほど最先端だということを表します。つまり、７ナノよりも５ナノ、５ナノよりも３ナノのほうが最先端だということになります。

半導体には、たくさんの回路が刻まれていて、ナノとはこの回路の大きさを表します。回路が小さければ小さいほどたくさんの回路を刻むことができ、よりたくさんの回路を刻むことができれば、より複雑な情報を処理できるようになります。また、このナノが小さければ小さいほど、スマホのバッテリー消費も少なく、長い時間スマホを使えることになります。確かに、スマホも昔に比べればずいぶんバッテリーが持つようになりましたよね。

ちなみに1ナノメートル（ｎｍ）は1ミリの１００万分の1という気の遠くなるような単位です。花粉は3万ナノ、顕微鏡で見る細胞は１０００ナノ、ウイルスは１００ナノですので、1ナノメートルなんてほとんど想像できないサイズですが、わたしたちの持っている電化製品はこのナノメートルの世界に支えられているということになります。

そしてこの「ナノ」をめぐる技術は日々進化していて、そのトップを独走するのが他でもない、台湾のＴＳＭＣです。**ＴＳＭＣは現在、３ナノまでの半導体を作ることができます。**さらには、次世代に向けて、１ナノ台の生産も視野に入れています。このように、台湾は半導体業界の最先端を行く場所であり、その意味では、**台湾は半導体の宝島というべき場所なのです。**

ジャパンアズナンバーワン・日の丸半導体

現在の半導体産業の中心は台湾、アメリカ、そして韓国ですが、つい30年ほど前までは、日本は半導体業界において世界のトップを走っていました。日本の製造業は「ジャパンアズナンバーワン」、半導体も「日の丸半導体」と呼ばれ、世界の最先端を独走していました。１９９０年ごろまでは、ソニー、東芝、ＮＥＣなどの名だたる日本の会社が世界の半導体をリードしていたのに、日本の半導体は急速に衰えていきます。いったいなぜでしょう。

日本の半導体は、品質にこだわりすぎて、価格競争に負けてしまったのです。高品質にこだわり価格を安くできずにいた結果、価格の低い外国に負けてしまいました。品質にこだわるのは何ら悪いことでもない気がしますが、半導体は人々の生活に欠かせないものだからこそ、あまりにも高いと手が届かなくなります。半導体を使った製品が日常にあふれるにつれて、「日本の半導体はとても品質がいいけど、こんなに高いと気軽に使えないから、もう少し品質が落ちてもいいから安いものを使いたいな」というニーズが現れてきます。ここで日本が少し品質を落とした安いものを製造できれば良かったのですが、なかなかそこは日本のプライドが許しません。品質はいいが価格も高い半導体を製造し続けた結果、日本は世界における価格競争に負けてしまったのです。

日本の半導体産業の復活はあるのか

そんな日本の半導体産業に、今転機が訪れようとしています。

今、世界の半導体企業の工場が、日本に進出しています。台湾のＴＳＭＣは熊本に新しい工場を建てました。熊本県菊陽町（きくようまち）、人口４万３千人ほどの小さな町に、世界一の半導体メーカーの工場が建ったのです。あまりの衝撃に、熊本では「黒船」がきた、なんて言われたりもしました。それまで過疎化（かそか）に悩んでいた地域に労働者が流れ込み、新しいマンションが次々と建ち、飲食店は繁盛（はんじょう）し、さながら「シリコンバブル」の様相を呈しました。このほかにも、広島、宮崎、三重、石川、山梨、岩手などの地方都市に次々と半導体の工場が建設されています。まさに今、日本は半導体工場の建設ラッシュにあるのです。

その中でも最も注目されているのが、北海道千歳（ちとせ）市に工場を建設している「ラピダス」です。このラピダスは日本の会社で、今大きく期待されています。なぜかというと、このラピダスは世界でもトップクラスの最先端半導体を作ろうとしているからです。

今のところ世界で最も進んだ半導体は、台湾のＴＳＭＣが作る3ナノの半導体です。しかしラピダスは、**この3ナノをも超えた2ナノの半導体の製造にチャレンジしようとしています。**世界でまだ誰も成し遂げていない、2ナノの半導体を作る工場を北海道千歳市に建て、2027年までに本格的に稼働させるとしているのです。

こんな話を聞いているとなんだか夢のある話で、日本の半導体産業の未来が明るいように見えてきますね。たしかにそういった前向きな意見も多くみられます。ラピダスのことを、「日の丸半導体の復活だ」なんていう人もいます。

しかしその一方で、否定的な意見も多くみられます。まず、日本が今国内で生産している最も進んだ半導体は40ナノ。ナノという単位は、小さくなればなるほど最先端であるということを示すので、40ナノから2ナノというと、かなりの開きがあります。そのため、「本当にそんなことできるの？」という懐疑的な意見もあります。また、今までの半導体は、7ナノまでの開発に成功して、その次に5ナノに挑戦、5ナノに成功して、そのあとに3ナノに挑戦、というように段階を踏みながら進化してきました。ですから、段階を踏まずにいきなり2ナノなんてできない、という厳しい意見もあります。

このように課題はあるのですが、本当に実現できたら夢のような話です。もし実現すれば、外国に頼らず日本で半導体を生産できることになるので、外国で万が一のことが起こった場合にも備えられます。また、新しい工場の多くは地方に建てられているので、人口減少や過疎化で悩む地方にとっても新しい活力となります。大都市だけでなく、日本全体が盛り上がってくれたら、それはとても素晴らしいことです。

わたしたちとしては、日本の半導体業界がこれからどうなっていくのか、注目してみていきたいですね。

COLUMN

日本人は働きすぎなのか?
世界の労働時間を見てみよう。

「日本人は働きすぎ」とよく言われ、近年は「働き方改革」なんて言葉もよく聞かれるようになりました。しかし、世界と比べてみると実際はどうなのでしょう。

経済協力開発機構（OECD）の調査によると、日本の平均労働時間は年間1611時間（1日あたり約6.2時間）で、加盟38ヵ国中22位と、そんなに高い順位ではありません。世界平均の1742時間と比較しても、そんなに長時間というわけでもありません。

加盟国の中で最も労働時間が長いのはメキシコで、2207時間（1日あたり約8.8時間）、最も短いのはドイツで、1343時間（1日あたり5.3時間）でした。ドイツは２０２３年に日本を抜いてGDP世界3位に返り咲いたのに、労働時間が短いなんてうらやましいですね。ちなみにお隣韓国は1872時間（1日あたり約7.5時間）、アメリカは1799時間（1日あたり約7.2時間）と、日本よりも長くなっています。日本人は働きすぎだ、とよく言われますが、実際の労働時間ベースで世界と比較してみると、実はそうでもないのですね。

もっとも、労働時間だけですべてが測れるわけではなく、大事なのは生産性です。働き方改革が叫ばれる日本も、ぜひドイツのようになりたいですね。

―― 第 8 章 ――

深海からのぞく国際情勢

～ なぜ中国は南シナ海にこだわるのか。なぜロシアは北方領土を返さないのか ～

南シナ海ってそもそも何？

2021年、ある漁民が中国の習近平主席に面会しました。名前は王書茂。緊張した面持ちで習主席の隣に立つ彼の胸には、勲章が輝きます。彼は習主席から、最高位の勲章とともに表彰されたのです。なぜ漁民である彼にこのような勲章が与えられたのでしょう。

王書茂には、漁民としての顔の他に海上民兵としての顔もあります。海上民兵とは、普段は漁民として漁業をやりながら、ときには中国の軍隊にも協力する人のことで、王書茂は最も有名な海上民兵のひとりです。彼は、「南シナ海は中国人の祖先の海」であるとして、南シナ海のサンゴ礁をコンクリートで埋め立てました。セメントや鉄筋などを小さな漁船に載せ、何度も往復し、コツコツと美しいサンゴ礁を埋め立てていきました。30年もの間このような地道な活動を続け、南シナ海にたくさんの埋め立て地を作った彼は、ついに習主席に表彰されるまでにいたったのです。

南シナ海。日本の南、台湾も越えて、フィリピンやベトナムのほうへと広がる海です。

この海の境界線は確定していません。ここからここまではこの国の海ですよ、という線が決まっていないのです。そのため、この海を囲むようにして存在するブルネイ、マレーシア、フィリピン、ベトナム、中国、台湾がそれぞれ「ここは自分たちのものだ」と主張しています。

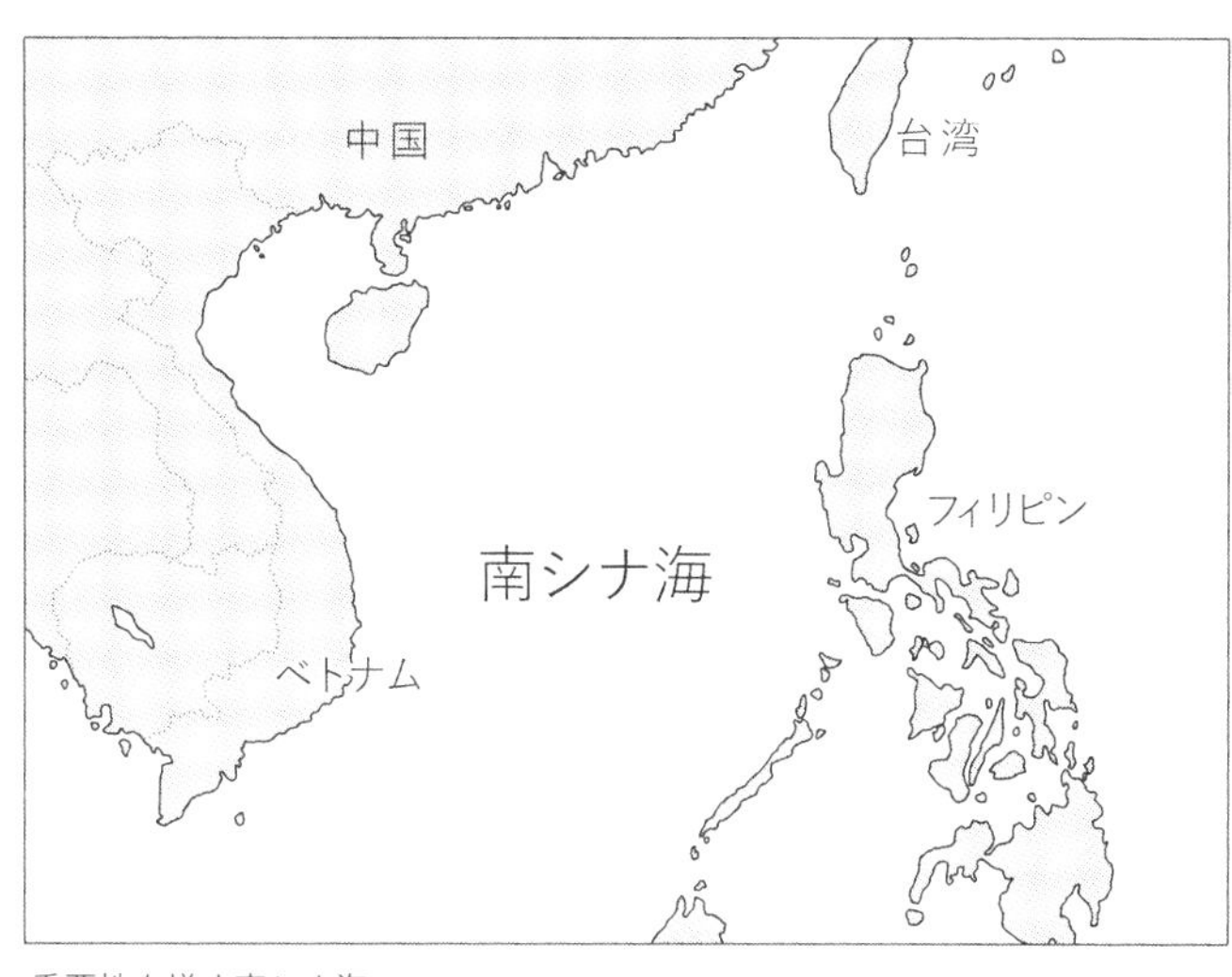

重要性を増す南シナ海

その中でも、中国の行動はしばしば問題視されています。

中国は南シナ海を自分たちのものだと主張し、勝手に海を埋め立てています。海にコンクリートを流し込んで人工の島を作り、その上に軍事用の滑走路やレーダー施設を作っています。また、南シナ海に中国海警局（日本でいう海上保安庁のようなもの）の船を派遣し、航行中の他の船に衝突するなど危険な行動もしています。このような中国の動きについては、フィリピンなど沿岸の国だけでなく、アメリカや日本も非難しています。

でもそも、中国はなぜこの海が欲しいのでしょうか。別の言い方をすれば、**そんなに世界から非難されてまで、なぜこの海にこだわるのでしょうか。**それは、この南シナ海が単なる海ではなく、特別な海だからです。

インターネットの正体は海底ケーブル

そもそも海がなぜ重要なのでしょう。海をめぐって国同士の対立が起きるということは、海にはそれだけの価値があるということです。パッと思いつくのは、海産物や海底に眠る石油などでしょう。地表の70％以上を占める海の中をのぞいてみれば、豊富な魚介類がいて、さらに深くには石油や天然ガス、銅や亜鉛などの資源が眠っています。

もちろんこれらの資源も重要なのですが、実は海にはもっと「深い」意味があるのです（海だけに）。海をめぐって各国が何を考えているのか、海の「深い」部分を少しだけのぞいてみましょう。

身近な例がインターネットです。わたしたちの生きる現代では、世界のどこにいようとも、インターネットにつながっていれば、メッセージを送信したり、写真を送ったりできます。しかし、これはそもそもどうやって通信しているのでしょう。

インターネットの正体は海底ケーブルです。わたしたちが普段見ることはない海底には、無数の海底ケーブルが張り巡らされていて、その全長は130万㎞、約地球32周分もの長さになります。わたしたちが日々使っているインターネットのデータの送受信は、この海底ケーブルを経由して行われています。

仮に海底ケーブルが切断されてしまうと、わたしたちの生活に欠かせないインターネットが使えなくなる危険があります。とりわけ日本のような島国にとって、海底ケーブルは通信の命綱のようなものです。このように、インターネットの観点から見ても、海はとても重要なものなのです。

99・5%が海上輸送

さらに重要なのは海上輸送です。海上輸送は最もコストパフォーマンスが良いため、世界の運輸の８割は海上輸送です。特に**日本のような島国は、貿易のほぼすべて、99・5%を海上輸送に頼っています。**わたしたちは、小麦も、石油も、家を建てる木材も、多くのものを外国からの輸入に頼っています。そして、その輸入を支えているのが海上輸送です。

日本に運ばれてくるたくさんのモノが南シナ海を通ってきます。とりわけ重要なのはエネルギーです。日本は中東からたくさんの原油を輸入していて、**中東依存度は90%以上です。わたしたちの生活に欠かせない原油の90%以上は中東からきていて、そのほとんどがこの南シナ海を通ってきます。**

そうだとすると、仮に南シナ海をどこかの国が占領してしまったら、日本は困ってしまいます。南シナ海で「日本に行く船はこの海を通れないよ」なんてことをされてしまったら、わたしたちの元に原油が届かなくなってしまいます。その昔、オイルショックをきっかけに、人々がトイレットペーパーを買うために大行列を作った騒動がありました。いわゆる「トイレットペーパー騒動」です。万が一、南シナ海が自由に通れなくなったら、トイレットペーパー騒動と同じような混乱が起きても不思議ではありません。**つまり南シナ海は、わたしたちの生活にとって、文字通り生命線ともいえる存在の海です。**

このように、南シナ海はただの海ではありません。その土地柄、とても重要な位置にあるのです。日本やアメリカなど、南シナ海に直接面していない国も、必死になって守らなければいけない意味がおわかりいただけたと思います。

中国が目指す「海洋強国」

中国が南シナ海にこだわる背景には、中国の夢があります。**中国は、海を制したい、「海を制するものは世界を制する」と考えているのです。**

中国は、その地形からもわかるように、内陸でいろんな国と国境を接しています。ですから、長い歴史の中で、それらの国から国境を守る必要がありました。そのため、長い間陸軍を中心とした軍が作られてきたのです。

しかし、中国はそれではいけないと気づきます。**これからは海の時代だ、海を制するものは**

世界を制するのだ、海軍を強くしていかないと、世界の国に負けてしまう、と考えます。

たしかに、現代において際立つのは海軍の重要性です。世界最強の海軍を持っていたイギリスは、世界中に植民地を作り、世界一の帝国となりました。日本海軍は、日本海でロシア海軍を破り、日露戦争に勝ちました。日露戦争に勝った37年後、日本海軍がアメリカ海軍にミッドウェーで負けたことをきっかけに、日本の敗戦が濃厚になりました。こうして歴史を見てみても、重要なのは海、そして海軍なのです。

太平洋への出口を探す中国

世界で最も広い海は、太平洋です。日本列島が４３９個も入る面積を持ち、圧倒的な広さを誇ります。２番目に大きい大西洋でも、太平洋の半分ほどの大きさしかないことを考えても、太平洋がどれだけ広いかがわかります。

海を制したい中国としては、当然この太平洋が欲しいと思うわけです。しかし太平洋にはアメリカがいます。太平洋のど真ん中にはハワイがありますし、太平洋にはアメリカ軍の艦隊が展開しています。

この状況を中国はどう見るでしょう。太平洋でもっといろんな活動がしたいとか、太平洋に中国の船を送りたいと思うのなら、まずは中国大陸から太平洋へ抜ける出口を探さないといけ

日本、台湾、フィリピンは中国にとって太平洋側への出口を塞ぐような位置にある

ません。地球儀を見るとよくわかるのですが、**中国大陸から見た場合に、太平洋への出口に立ちはだかるのが、日本列島、台湾、そしてフィリピンです。**

　中国から見てみると、日本はアメリカの同盟国なので、日本列島を突破することはなかなか難しそうですね。となると、台湾やフィリピンのほうから太平洋に抜けられないか、と考えるわけです。そう考えたときに、ちょうどいい位置にあるのが、南シナ海なのです。南シナ海に海軍の拠点や基地があれば、太平洋に出る際にとても便利です。

　このように、中国が南シナ海をどうしても欲する理由は、もちろん南シナ海それ自体が特別で価値のある海だということもさることながら、その先にある太平洋の覇権(はけん)

も見据えてのことなのです。

アメリカが日本を守る理由は何か？

ここでちょっとアメリカ側の視点に立ってみましょう。

ひとつ質問をします。アメリカは、なぜ日米同盟を結んでいるのでしょう。日米安保条約により、アメリカには日本を守る義務があります。アメリカは日本を守ることができますよ、ではなく、アメリカは日本を守らなければいけないのです。なぜ、こんな義務をアメリカは受け入れているのでしょうか。よく、「アメリカは日本を守ってくれている」とか、「アメリカだっていつまで日本を守ってくれるかわからない」という発言を聞きますが、これにはちょっとした誤解があると思います。アメリカはまさか、善意で日本を守っているのではないし、軍隊を持っていないから代わりに日本を守ってあげよう、とかそんなボランティア精神で自国の兵士を送ることはできません。アメリカが日本を守るのには、アメリカにとってもそれなりの事情があるからです。せっかくの機会ですので、少しアメリカ側の視点から見てみましょう。

アメリカは太平洋にハワイやグアムなどの自国の領土を抱え、様々な活動を展開しています。だから、アメリカにとっても太平洋の覇権は失うわけにはいかないものです。

では、アメリカが太平洋を守るにはどうしたらいいのでしょう。これまた地球儀を見るとよくわかるのですが、**アメリカ側から見ると、日本列島や台湾、そしてフィリピンなどは、中国が太平洋に出てくるのを阻止する防波堤のような場所に位置しています。**言い方を変えれば、中国が日本列島や台湾、そしてフィリピンを突破すれば、アメリカは太平洋で中国と直接対決しなければいけなくなります。特に沖縄や台湾を抜ければ、アメリカの領土であるグアムはすぐその先です。海洋国家を目指す中国が太平洋に迫ってくることは、アメリカとしては絶対に避けたいことです。

　特に沖縄は、アメリカ側から見た場合、ちょうど太平洋への「フタ」のような場所に位置しています。これが、沖縄にアメリカ軍がたくさん展開し、アメリカが沖縄を重要視するひとつの理由なのです。繰り返しになりますが、アメリカは善意で日本を守っているのではありません。アメリカにとって、日本列島が地理的にとっても重要で、守るべき理由がそこにあるからなのです。

　このように、海の「深い」部分を見てみると、各国の思惑や、国際情勢がおもしろいほどにわかってくると思います。これもいわゆる「地政学」のひとつです。

　さて、海の少し深い部分をわかっていただけたと思うので、ここからはもっと「深い」海の中、さらにディープな部分にまで潜ってみることにしましょう。

最後の切り札としての核兵器

またひとつ質問をします。世界で最強の武器は何でしょう。おそらく皆さんの頭に「核兵器」という言葉が浮んだと思います。その通り、おそらく核兵器でしょう。では、もうひとつ違った視点の質問をします。**最強の武器・核兵器は、どこに置いておいたらいいのでしょう。**

世界の平和は、「あの国に攻撃したらものすごい反撃が来るかもしれないからやめておこう」という心理の上に成り立っています。これを抑止力といいます。抑止力の話は第２章でしましたね。これと同じで、核保有国に攻撃したら、核兵器で反撃されるかもしれないからやめておこうと思うこと、これを核の抑止力といいます。

しかし、これにはひとつ注意しなくてはならないことがあります。それは、**最後の切り札は隠しておかなければいけないということです。**なぜなら、最後の切り札が恐いのなら、それをあらかじめ破壊してしまえばいいからです。また、どこにあるかさえわかれば常に監視できますし、少しでも変な動きがあれば「あの国がもうすぐ核兵器を使うぞ」と察知されてしまいます。だから、最後の切り札は隠してこそ意味があるのです。「あの国は最後の切り札として核兵器を持っている、でもそれがどこにあるかがわからない」「最後の切り札を、いつ、どこで、使ってくるかわからない」というのが最強の抑止力となるのです。

海の中はベストな隠し場所

そうだとすると、最後の切り札・核兵器はどこに隠したらいいのでしょうか。まず、地上はダメです。今の時代、無数の衛星が宇宙を飛んでいて、地上は丸見えです。だから、どんなに山奥だったとしても、どんなに深い森の中だったとしても、衛星で場所が特定できるので、地上だったらバレバレです。

だから、**海の中に隠さないといけないのです。しかも、深い海の中に。**

では、海の中にどうやって核兵器を隠すのでしょうか。まさか海底に基地を作ってその中に隠すわけではありません。なぜなら、その基地を発見されて破壊されてしまったらそれまでだからです。隠し場所がどこかわからないように、海の中を常に動いていなければいけないのです。そう、**潜水艦です。**

たとえ陸地のすべてが破壊し尽くされたとしても、海の中に潜水艦がいれば反撃できます。核兵器を積んだ潜水艦が1隻でも残れば、広島や長崎の10倍もの攻撃が可能ともいわれています。そんな隠し球ともいうべき最終手段が相手に残されていると考えたら……普通は手出しできません。まさに抑止力です。**すなわち、核兵器を積んだ潜水艦は、最強の核抑止力として機能してくれるものなのです。**

最強のかくれんぼ・原子力潜水艦

潜水艦も無人で動くわけではありませんから、普通は中に乗務員がいます（無人の潜水艦開発も進んでいますが……）。潜水艦の中で人間が生活するとなると、水や空気、電気や食料が必要になります。潜水艦には、ディーゼルエンジンで動く潜水艦と、原子力で動く潜水艦があります。ディーゼルエンジンの潜水艦は、空気を入れ替えたり電気を充電したりするため、定期的に海面に出てこなくてはなりません。しかし、海面に浮上すると敵に見つかる危険がありま す。敵としても、海面に浮上してくるところを待って、破壊してしまうこともできます。

その一方で、原子力潜水艦はまったく違います。まず、潜水艦自体が原子力で動きます。原子力発電システムを内蔵しているので、自分で発電できますし、空気も水も自分で作れます。まさに動く原子力発電所です。もちろん、食べ物は作れないので、食糧補給だけは海面に出てこなくてはいけないですが、それ以外は、深い海のなかで、いわば自給自足の生活ができるのです。そうなると、**原子力潜水艦なら、長い期間ずっと海の中に隠れていることができるのです。**

原子力潜水艦はそう簡単に持つことができるものではありません。もちろん値段も高いですし、維持するには相当なコストもかかります。だから、原子力潜水艦を持っているのはアメリカ、ロシア、中国、イギリス、フランス、インドの6ヵ国だけで、日本は持っていません。

潜水艦には窓がなく、外をのぞき見ることができません。なぜなら、外が見えるような素材、例えばガラスや透明なプラスチックなどは、深い海の中の水圧に耐えきれないからです。

しかも海の中は電波が届きません。**電波の届かない海の中で頼りになるのが「音」です。**潜水艦は海の中で、音波の跳ね返りを使って自分の位置を把握し、海底地図を頼りに進んでいくしかありません。

しかし、音波というのは繊細で、海水の温度、海流、天候、海底の地形など、いろんなものに影響を受けます。特に水温が大事で、水温が高いほど音波は早く伝わり、水温が下がると音波の伝わりは遅くなります。このように、視界のない海底の世界では、音波を頼りに進むしかないため、事前に海底の地形を把握し、季節ごとの水温を分析しておくことがとても重要になります。だから、潜水艦が活動する予定の海の中では、地形や水温などいろんなことを事前に調査しておきたいものです。もし南シナ海に潜水艦を展開したいのなら、事前に海の中をいろいろ探っておきたいと思うのは自然なことです。

最後の切り札としての潜水艦の最大の役割は、誰かを脅したり、怖がらせたりすることではなく、ずっと隠れていることです。**ずーっと、誰にも察知されずに、じっと海底に隠れていること、これが最大の任務なのです。**

原子力潜水艦がどこにいるかは、国のトップレベルの秘密です。なぜなら、どこにいるかが知られてしまったら意味がないからです。誰にも知られずに、じっと海底に隠れていることが最大の任務です。アメリカでは、大統領でさえ原子力潜水艦の場所を教えてもらえないといわれています。なぜなら、大統領は４年で変わるため、４年後に潜水艦の場所をぽろっと誰かに言ってしまったらおしまいですからね。原子力潜水艦の場所はそれだけトップシークレットなのです。

話を中国に戻すと、中国は原子力潜水艦を持っています。そして、それをどこに隠しているのでしょうか。そう、みなさんもうお察しのとおり、それが南シナ海だといわれています。もちろん、原子力潜水艦がいる場所は国のトップシークレットなので、本当にどこにいるかはわたしたちが特定することはできません。しかし、中国がいろんな国の反対を押しのけながらも、なぜこんなにも南シナ海を欲するのかということを考えてみると、いろいろと辻褄が合ってしまうことがあるでしょう。

なぜロシアは北方領土を返さないのか

南の海を見てきたので、少しだけ日本の北のほうの海も見てみましょう。

日本の北には、北方領土があります。ここは日本の固有の領土ですが、ロシアがずっと不法占拠しています。

ロシアがこの北方領土を返さない理由のひとつに、北方領土がロシアにとって大事な軍事拠

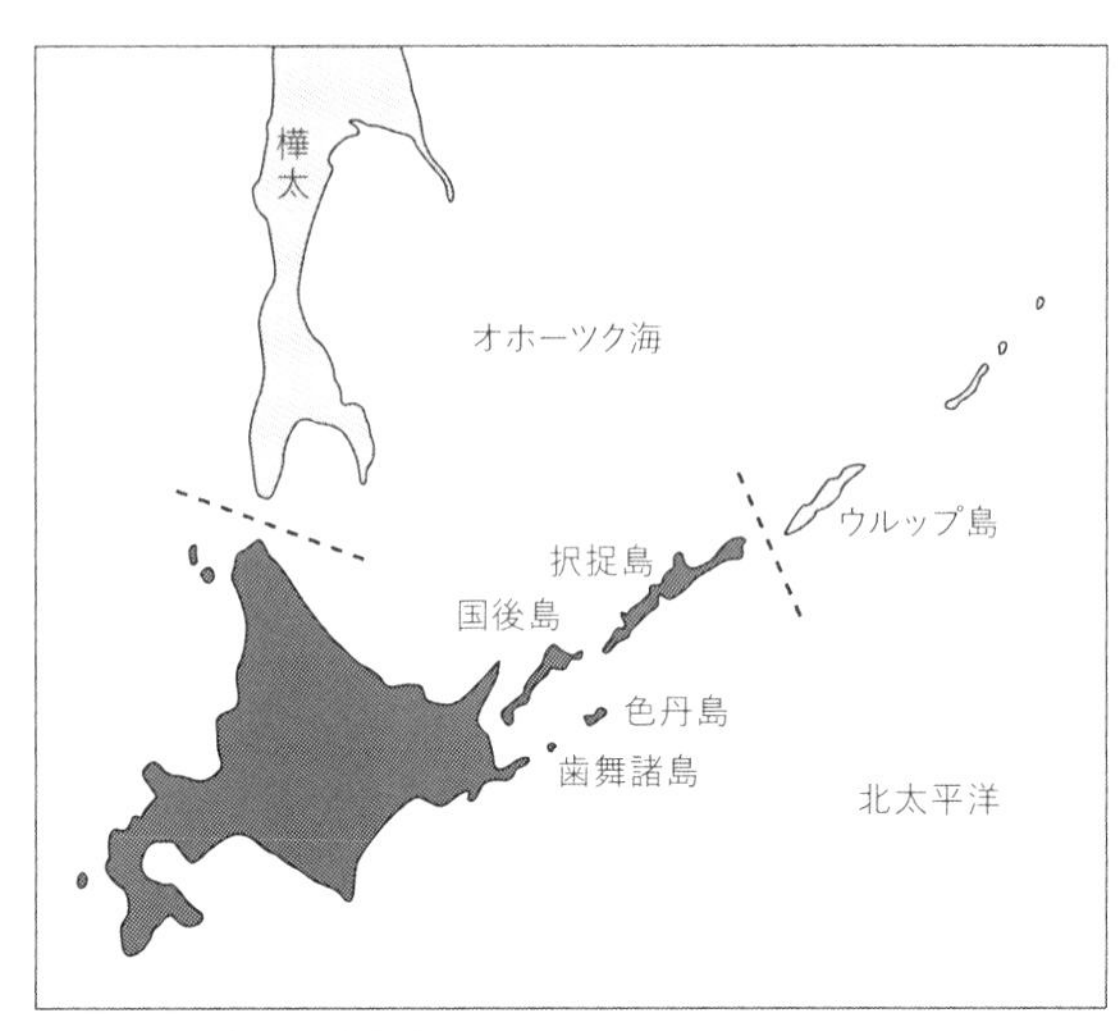

オホーツク海と北方領土

点になっているという点が挙げられます。ロシアは北方領土に戦車やミサイルを配備し、付近では軍事演習も行っています。

世界で一番広い国土を持つロシアは、それだけ長い海岸線も持ちます。しかし、そのほとんどは北極海に面していて、年中凍っています。そのため、凍らない海というのはロシアにとってとても貴重です。ロシアは不凍港を求めてきた歴史だった、ということはこの後の11章でもあらためて触れようと思います。

北方領土の北側にあるオホーツク海ももちろん寒いですが、年中凍っているわけではなく、船が通れる場所もあります。そのため、オホーツク海がロシアにとって重要であるのは簡単に想像がつきます。

ロシアは原子力潜水艦を持っている6つの国のうちのひとつです。そして、ロシアの原子力潜水艦が活動する海域のひとつが、このオホーツク海です。そうすると、仮に北方領土を日本に返還した場合、ロシアの最後の切り札である原子力潜水艦の近くまで日本が迫ってくることになります。日本はアメリカの同盟国ですので、ロシアから見ればアメリカが迫ってくるも同然です。ロシアの最終兵器の近くに最大の敵であるアメリカが迫ってくるのは、ロシアにとってはどうしても受け入れられないことでしょう。

現在、北方領土には、１万８千人のロシア人が住んでいます。日本の領土であるにもかかわらず、日本人は１人も住んでいません。ロシアが北方領土の返還に応じない理由は、すでに多くのロシア人が住んでいることに加え、北方領土周辺に魚介類など豊富な資源があることもあるでしょう。しかし、海のもう少し「深い」ところから見てみると、ロシアの別の思惑も見えてくるのです。

国際情勢は、陸の上からだけではすべて見えません。時にはこのように「深い」海の中から見てみることも重要ですね。

COLUMN

世界のいろいろ結婚式

結婚式はどこの国でも人生の一大イベントですが、世界を見てみると、いろんな結婚式があります。

ロシアの結婚式では、「カラヴァイ」という大きなパンを新郎新婦が一緒に食べる習慣があり、かじりつく一口が大きいほうが家の主人となると言われています。このカラヴァイは子どものいる既婚女性が焼き上げたものでなくてはならず、そうでなければ新婚カップルは幸せになれないそうです。

インドでは、平均的な結婚式でも年収の数倍もの費用をかけて盛大に行います。しかも数日から１週間もかけて行います。まさに文字通り人生の一大イベントですね。

一方中国では、10 年前と比べて結婚するカップルの数が半分ほどに減ってしまっています。なぜなら、結婚するのにお金がかかりすぎるからです。たとえば、結婚後の家は男性側が用意するという価値観が根付いています。さらに、結婚するときには、男性側が女性側に高額な結納金（ゆいのうきん）を持っていかなければならず、近年その額が高騰しています。３００万円近い結納金を持っていくケースもあり、中国の都市部の民間企業の平均年収が約１２７万円ということを考えても簡単に払える額ではありません。

ただでさえ不景気に悩む中国ですから、結婚に消極的になってしまう人が増えてきています。日本と同じく少子高齢化が問題となる中国で、結婚する若者は増えるのでしょうか。

― 第 9 章 ―

北朝鮮は何を恐れ、何を守ろうとしているのか

国連の中で日本が唯一国交を持たない北朝鮮

北朝鮮。日本に対してミサイルを飛ばしたり、アメリカを挑発したり、なにかと騒がしいですが、そもそも北朝鮮って何なのでしょう。そもそも何でこんなことしているのでしょう。北朝鮮が一体どうしてこうなったのか、何が欲しいのか、何を恐れているのか、北朝鮮のそもそもから見てみましょう。

日本は北朝鮮と国交を持っていません。日本は北朝鮮を国として認めていないので、北朝鮮「政府」とは呼ばず、北朝鮮「当局」と呼びます。北朝鮮のニュースでも、「北朝鮮当局は……」なんて言い方をすると思います。北朝鮮に日本大使館はないし、日本にも北朝鮮大使館はありません。

日本は国交を持っていませんが、世界には北朝鮮と国交を持つ国がたくさんあります。世界約200の国のうち159の国が北朝鮮と国交を結んでいます。中国やロシアなど伝統的に北朝鮮と仲のいい国はもちろん、イギリスやドイツなども国交を持っています。イギリスは平壌(ピョンヤン)に大使館を置いていますし、逆もしかりでロンドンには北朝鮮の大使館があります。

北朝鮮は国連にも入っています。世界にはパレスチナのように、国連に入りたいけれども入れていない場合もありますが、北朝鮮はれっきとした国連の一員です。国連の中で唯一日本が

北緯38度線で分けられた韓国と北朝鮮

国交を持っていないメンバー、それが北朝鮮です。

たった30分で二つに分けられた朝鮮半島

北朝鮮のそもそもの始まりを見てみましょう。

今の北朝鮮がある朝鮮半島は、その昔日本が統治していました。「韓国併合」という言葉があるので、韓国だけを統治していたと勘違いする人もいますが、日本が統治していたのは朝鮮半島全体ですので、北朝鮮も含まれています。

しかし日本は戦争に負け、朝鮮半島から撤退します。今までいた日本がいなくなるのだから、誰かが朝鮮半島の管理をしなくてはなりません。そこで、とりあえず朝鮮半島の北半分をソ連が、南半分をアメリカが管理することになりました。北朝鮮と韓国を分けるため、「とりあえず」の線を北緯38度に引きました。この線は、通称「38度線」と呼ばれます。

この38度線は、ちょうど朝鮮半島を半分にするくらいの位置ということで、当時のアメリカ軍関係者が30分で決めたそうです。30分で決められた線を隔てて多くの人の運命が分かれたと思うと、なんともいえない気持ちになるものです。

反日のカリスマ・金日成

朝鮮半島の北半分の新しいリーダーとなったのが金日成です。

金日成はもともと、日本の朝鮮支配に抵抗する「抗日パルチザン活動」のリーダーでした。パルチザンとは正規の軍ではない武装組織の活動で、ゲリラみたいなものです。そんな当時の金日成には日本軍から1万円の懸賞金がかけられていました。日本からもマークされるということは、逆にいえばそれだけ大物だったということです。

北朝鮮の指導者というと、独裁的で怖いイメージがあるかもしれませんが、当時の金日成はとても人気がありました。カリスマ性があり、長い日本の占領から北朝鮮を解放してくれた「建国の父」として北朝鮮の人々から慕われていました。

北朝鮮の正式名称は「朝鮮民主主義人民共和国」です。「民主主義」という言葉が入っていますが、とても民主主義の国とはいえません。北朝鮮は朝鮮労働党の一党体制で、朝鮮労働党のトップが北朝鮮のトップとなります。そのトップの座は選挙で決めるのではなく、金一族が代々受け継いでいます。つまり、世襲（せしゅう）です。

しかも、金一族は自分にとって都合の悪い人を次々と消し、自分たちに権力を集めてきました。こんなことをしていると、国民から「わたしたちが選んでない人になんで国を任せないといけないの」と思われそうなものです。しかし、**金日成というカリスマ的な建国の父の子どもなら国民も納得でしょ、という考え方**なのです。本当に国民がどう思っているか怪しくとも、もちろん反対などと言うことはできません。

しかし、現在の指導者・金正恩（キムジョンウン）には血筋問題が密かにつきまとっています。

昔は韓国よりも豊かだった北朝鮮

現代のわたしたちには、北朝鮮は貧しくて、韓国はすごく発展している、というイメージがあるかと思います。しかしその昔は、今とは逆の時代がありました。

北朝鮮には、地下資源がたくさんあります。石炭がたくさん取れるのは有名ですし、宝石に加工されるマグネサイトという石や、自動車や医療用カテーテルなどに使われるタングステンという鉱石も地下にたくさん眠っています。

資源がたくさんあるため、日本統治時代には工業が発展しました。北は工業が発展した豊かな土地であったのに対し、今の韓国、南の方はどちらかというと農業が中心の貧しい地域でした。今からみると想像もつかないですが、当時は今とは逆だったのです。

そもそも朝鮮戦争とは何か

1950年に起きた朝鮮戦争とはそもそもどんなものだったか、少し振り返ってみましょう。

朝鮮戦争の前、工業が発展し豊かだった北朝鮮は、経済力でも軍事力でも韓国を上回っていました。そのため、1950年に朝鮮戦争が起きた当初は北朝鮮が優勢でした。北朝鮮軍はどんどん南下し、韓国の首都ソウルはたった3日で占領されてしまいました。しかしそこでアメリカ軍が韓国を支援すべく参戦します。今も昔もアメリカ軍は強く、たちまち北朝鮮は押し返されました。

アメリカ軍に押され、このままだと北朝鮮が負けるかもしれない……そうなった時に登場したのが中国です。中国が加わると、北朝鮮軍も再び押し返します。その後、先ほど出てきた38度線付近で両軍はにらみ合いを続け、1953年に朝鮮戦争は休戦することになったのです。

朝鮮戦争はまだ終わっていません。北朝鮮と韓国は「休戦」しているだけです。そのため、北朝鮮と韓国の国境線はまだ確定していません。38度線というのは国境線ではなく、「軍事境界線」といって、あくまで休戦ラインに過ぎないのです。

ちなみに、北朝鮮という国がなくなると困るのは中国です。なぜなら、もし北朝鮮がなくなって韓国が朝鮮半島を統一してしまったら、中国は韓国と国境を接しなければいけません。中国から見たら韓国はアメリカ側の国ですので、アメリカ陣営が自分のすぐそばまで来る、ましてや国境を接するなんて、中国からしたら悪夢でしかないのです。だから、北朝鮮にはいわばクッションのような存在として、そこにい続けて欲しいというのが中国の本音です。

とうもろこしよりもミサイルを

日本では、食べるものはスーパーなどお店で買うのが普通ですが、北朝鮮では長らく配給制が取られていました。しかし、1990年代になると、その配給制がうまく機能しなくなり、人々に食糧が渡らなくなります。その結果、300万人（当時の北朝鮮の人口の7人に1人）が餓死したといわれています。これを北朝鮮では「苦難の行軍」と呼びます。金日成が日本軍に立ち向かったことを「行軍」と呼ぶのですが、この食糧難を金日成の行軍になぞらえ、空腹にあえぐ国民を鼓舞しようとしました。

北朝鮮はとても寒い地域なので、あまり農作物は育ちません。冬になると氷点下まで気温は下がり、雪がたくさん降ります。冬の時期のニュースでは、金正恩が分厚いコートを着て、雪の降る中を歩いている姿を見ることができます。このような極寒の気候なので、農作にはあまり適しません。そもそも工業地域だったので、農業のノウハウもないし、土地も整備されていません。

それにもかかわらず、金日成は一気に農業を進めようとします。人々はやみくもに山を切り拓き、トウモロコシを植えました。無理矢理開拓され、木々がなくなった山では、大量の雨が降ると土砂崩れが起きました。土砂崩れが相次ぎ、大規模な水害が発生します。ただでさえ農作物があまり育たないのに、せっかく育ってきた米やトウモロコシ、牛などの家畜も水に流されてしまいました。

お腹を空かせた人民を、北朝鮮の指導者は助けたのでしょうか。いいえ、人々が飢餓に苦しんでいるのを横目に、北朝鮮はミサイルの開発を続けました。

1998年に日本列島を飛び越す形で発射されたミサイル、テポドン1号。その発射費用は日本円にして約706億円、これは当時の北朝鮮の人々の1年分の食糧をまかなえる金額です。ミサイルを開発するのではなく、食糧を買って人民に与えていればどれだけの命が救われたのか、と残念に思わざるをえません。

北朝鮮はそもそもなぜ核開発をしているのか

北朝鮮が世界から孤立する要因のひとつに、核開発が挙げられます。しかし、そもそも北朝鮮の核開発問題って何なのでしょう。

ある脱北した外交官の証言によると、北朝鮮が核開発を始めたきっかけは、朝鮮戦争の時までさかのぼります。朝鮮戦争の最中、アメリカが北朝鮮に対して原爆を使うという噂が流れました。噂を聞いてパニックになった北朝鮮の人民は、こぞって南の韓国側に逃げました。いくら統制しようとしても、恐怖におののいた人民を止めることは誰にもできません。そんな人民の姿を見た金日成は、核兵器はたとえ使わなくても、「ちらつかせるだけ」でこんなにも人を恐怖におとしめることができるのだと実感します。**核兵器が与える心理的な恐怖を目の当たりにし、金日成は核開発を決意したのです。**

でも、そもそも核兵器って勝手に持っていいのでしょうか。「うちの国は核兵器を作るぞ！」とか言って勝手に核開発を始めてもいいのでしょうか。そんなはずはありません。世界にはちゃんと核開発に関するルールがあります。「核兵器不拡散条約」という決まりがあり、これは条約の英語の頭文字をとって、「ＮＰＴ」と呼ばれます。今や１９１もの国や地域がこのＮＰＴに参加しています。

ＮＰＴ体制では、条約に入っている１９１ヵ国のうち、５ヵ国だけが核兵器を持つことが許され、それ以外の国は核兵器を持つことはできません。ＮＰＴ体制下で核兵器を持ってもよい国として認められているのは、アメリカ、ロシア、イギリス、フランス、中国の５ヵ国です。そしてこの５ヵ国は、核兵器を減らすための話し合いを続けないといけませんよ、という風に定められています。北朝鮮もＮＰＴのメンバーですが、一方的に脱退を宣言し、今も核開発を続けている、というのが現状です。

ちなみに世界で核兵器を持っている国はこの５ヵ国だけかというと、そうではありません。インド、パキスタンはＮＰＴに入っておらず、核兵器の保有を宣言しています。同じくＮＰＴ未加盟のイスラエルも、公式には何も言っていませんが、核兵器を持っているとみられています。

核兵器の怖いところは、一度持ってしまうとなかなか手放すことはできないということです。人口がたったの２５００万人しかおらず（日本の約５分の1、韓国の半分）、経済的に貧しい北朝鮮でも、核兵器を持つことにより、世界最大の国アメリカを対話に引き出せました。このように核兵器を持つことによって、国の規模に見合わない影響力を持つことが可能になります。だから、核兵器は一度持ってしまうと手放すことが難しく、何よりも持たせないようにすることが大事なのです。

Ｋ－ＰＯＰを自由に聴けない社会

北朝鮮に生まれた人は、勝手に国を出ていくことはできません。唯一の手段が命がけの脱北です。では、命がけでも脱出したくなるような社会とは、一体どんなものなのでしょう。

現在の北朝鮮では配給がほとんど機能していませんので、人々は「チャンマダン」という闇市で食べ物などを調達します。チャンマダンでは物々交換もしますし、お金を使って買い物をする場合には、北朝鮮の通貨である北朝鮮ウォンを使う場合もあれば、米ドル、中国人民元などの外貨で買い物する人もいます。北朝鮮の通貨はいつどうなるかわからないので、外貨を使って取引したいと思う人が多いからです。あんなにアメリカを敵視しているのに、市場ではアメリカドルが使えるなんて皮肉な話です。

北朝鮮の約４人に１人がスマホを持っています。スマホといってもわたしたちが使っているものとは違い、国際電話をかけたり、海外のウェブサイトを自由に見たりすることはできません。北朝鮮独自のネットワークにつながるだけで、北朝鮮に都合の悪い情報にはアクセスできません。

北朝鮮社会でも、日本と同じように韓国のドラマや映画が流行っています。しかし、日本と違うのは、こっそり見なくてはいけません。韓国の文化に触れることは厳しく取り締まられていて、韓国ドラマを観ただけで処刑されたり、K－POPを聴いた10代の少女が強制収容所に送られたという報告もあります。10代といえば多感な時期。流行りのドラマも観たいだろうし、友達と一緒に音楽を聴いて盛り上がりたい時期でしょう。そのようなことができないのは、なんともかわいそうですね。

密告、嘘(うそ)にまみれた社会

北朝鮮は徹底した監視社会です。30ほどの世帯でグループを作り、お互いにお互いを監視させ、密告させます。「韓国のラジオ放送を密かに聞いていた」とか「金ファミリーを悪く言っていた」など、小さなことでも密告し合います。だから、隣人もクラスメイトも、職場の同僚も信用できません。万が一密告されたら、どんな結末が待っているかわかりません。

その一方で、密告したものは「忠誠な者」として昇進します。他人の不正を密告するほど忠誠心があり真面目なやつだ、と思われるからです。だから、嘘をついてでも、他人をハメてでも、自分がのし上がっていこうとします。そんな嘘や不信に満ちた社会で北朝鮮の人々は生きなければなりません。

北朝鮮では、住む場所や職業も自分では決められず、朝鮮労働党が決めます。人々は、朝起きて、言われたことを黙ってやって、家に帰って家族と食事して、寝て、そして次の日の朝を迎える、そんな人生です。たとえそんな人生に嫌気がさしたとしても、外国に自由に行くこともできません。できるのは、命懸けで脱北するだけです。でも、見つかれば処刑されるだろうし、自分の家族も道連れになるかもしれません。だからじっと耐えて、息を潜めて生活するのです。

ある北朝鮮人の一日——生活総和

北朝鮮での生活には、「生活総和」というものがあります。これは、「自分が朝鮮労働党の教えをどれだけ実行しているか」、「北朝鮮のためにどれだけ貢献したか」などをみんなの前で発表させる、いわば「反省会」みたいなものです。

生活総和は学校や職場で頻繁に開催され、しかも強制参加です。この生活総和で失敗すると大変です。ある朝鮮労働党の偉い人が生活総和で失敗したところ、地方に送られ、豚小屋のフン始末の仕事をさせられたなんて例もあります。このように生活総和という方法により、人民を相互に監視させています。

北朝鮮に思想の自由はありません。というよりも、自由に考える時間や気力もない、と言ったほうがいいかもしれません。自分で決めたわけでもない仕事を朝から晩までこなし、自分で選んだわけでもない家に帰る、友人と会話しようにもうっかり変なことは話せないし、常に監視されている。こんな生活では、自分の意見を持つ気力も、時間も、勇気も、無くなってしまうのは当然です。

韓国の兵役が18ヵ月なのに対し、北朝鮮の兵役は120ヵ月です。北朝鮮の若者は10年も兵役につかなければいけません。第11章で詳しく取り上げますが、多くの北朝鮮兵士がウクライナ戦争の前線に送られ、その多くが極寒の地で散っていきました。なぜ多くの北朝鮮の若者が極寒の地で死ななければならなかったのでしょう。

なぜこんなにしぶといのか――北朝鮮を支える主体(チュチェ)思想

世界から厳しく批判されている北朝鮮。世界が北朝鮮に経済制裁を課し、ミサイルや核開発をやめさせようとしているのですが、北朝鮮もなかなかしぶといのです。しかし、なぜこんなにもしぶといのでしょうか。言い方を変えれば、世界からこんなに締め上げられても、なぜ生きのびていられるのでしょうか。

北朝鮮はいろんな裏ビジネスに手を伸ばしています。偽札、覚醒剤、偽タバコなどを作っては海外に輸出し、7000人もいると言われるハッカー軍団がサイバー攻撃をかけています。また、北朝鮮製のカツラやつけまつげは品質が良いことで知られているため、これらを輸出して貴重な外貨を獲得しています。

それだけでなく、**北朝鮮がしぶとい理由には「主体(チュチェ)思想」**という思想が背景にあります。

主体思想とは、「他の人に依存せずなんでも自分たちでやる」、「必要なものは自分で作る」という思想です。そして「安全保障も人に依存してはいけない、自分の国は自分で守るんだ」という主体思想の考え方が、北朝鮮を核開発に駆り立てるのです。

主体思想には、朝鮮半島の歴史が深く関係しています。日本に統治されるもっと前の北朝鮮は、中国の強い影響下にありました。当時の「明」や「清」という王朝に守られながら生きていくという国です。

そのような過去があるからこそ、自立することへの執念も一層強くなるのです。だから北朝鮮では、「誰かに支配されているのは嫌だよね、自分たちでなんでもやろう」という主体思想が広まりました。なんでも自分でやろうという発想自体はいいですが、だからといって国際社会から孤立するのはちょっと違う気がしますけどね。

日本との間で残る戦後処理と拉致（らち）問題

日本は戦争に負け朝鮮半島から撤退しましたが、今日にいたるまで北朝鮮と日本は国交を持っていません。そして実は、**北朝鮮と日本の間では、戦後処理といわれる問題が解決していないのです。**

日本が植民地支配をしていた国との間では、戦争の犠牲となった命や財産がありますから、こうした財産や請求権の問題を処理しています。しかし、北朝鮮とだけは、この戦後処理がまだ終わっていません。ずっと国交がなかったので、このような処理ができずにいるのです。

1970年代から80年代にかけて、北朝鮮は多くの日本人を拉致しました。ある日突然、日本から拉致されて、北朝鮮に連れて行かれた人の中には13歳の小さな女の子、横田めぐみさんもいました。ヨーロッパで拉致された有本恵子さんのお父さんが2025年2月に亡くなったので、拉致被害者の親世代でまだご存命なのは、現在89歳の横田めぐみさんのお母さんしかいません。拉致問題に残された時間は少ないのです。1日でも、1分でも、1秒でも早く、拉致被害者を日本に帰国させなければいけません。

日本は北朝鮮に対して、拉致、核、ミサイルといった問題を包括的に解決し、不幸な過去を清算し、日朝国交正常化を実現したい、と言っています。このような日本の提案は、生活に困る北朝鮮の人々を救うことになるのではないでしょうか。しかも、日本はアメリカと近い関係にあるので、アメリカとの間を取り持つこともできるかもしれません。

なぜ日本と誠実に向き合わないのか、わたしには不思議でなりません。何が北朝鮮の人々のためになるのか、考えれば明らかなのではないでしょうか。

北朝鮮は何を恐れ、何を欲しているのか

北朝鮮は何を恐れているのでしょう。

北朝鮮にとって一番大切なものは金一族の支配で、一番恐れているのはその体制が崩れることです。

だから、人民を徹底的に監視して、逆らう人が出ないようにしています。海外のウェブサイトにアクセスすることも、韓国ドラマを観ることも制限して、「外にはこんなに素晴らしい世界があるのか」ということを知らせないようにしているのです。

では、なぜ国内を締めつけるだけでなく、ミサイルで周りの国を挑発したり、核開発を続けたりするのでしょうか。そんなことをしているから、世界中から非難されるし、経済制裁もかけられるのではないでしょうか。

北朝鮮が望むことは、アメリカと対等な立場で対話をすることです。朝鮮戦争でアメリカと戦った北朝鮮は、アメリカの強さ、恐ろしさをよく知っています。だから、二度とそんな恐怖を味わいたくない、アメリカからにらまれたら自分たちが滅びるかもしれない、と思っています。だから、「俺たちはこんなに強いんだぞ、だから俺たちを敵に回したらどうなるかわからないぞ」という姿を見せるために核実験をし、ミサイルを撃ち続けるのです。それにより、対

等な立場で対話し、北朝鮮に有利な条件を引き出そうとしているのです。極端なやり方のようにもみえますが、過去にはアメリカと北朝鮮の首脳会談も行われているし、北朝鮮はこのやり方での成功体験を持ってしまっているのも事実です。

アメリカは北朝鮮にどう対応しているのか

肝心のアメリカは北朝鮮に対してどのような姿勢なのでしょうか。一言で言うと、対話したり、しなかったり、という感じです。

たとえば、オバマ大統領の時には、北朝鮮がいくら挑発してもアメリカは無視しました。北朝鮮の挑発には乗らない、同じ土俵には立たない、という姿勢です。これは「戦略的忍耐（せんりゃくてきにんたい）」と呼ばれ、あえて北朝鮮の挑発を無視し、北朝鮮の態度が変わるのを待ちました。つまり、「相手にしない」ということです。確かにこのやり方にも一理ありそうな気もしますが、アメリカが無視するあいだに北朝鮮の核開発が進んだのは事実です。

トランプ大統領は打って変わって北朝鮮と対話しました。歴史上はじめての北朝鮮とアメリカの首脳会談も行われ、一時は問題が解決するかのようにも思えました。しかし、北朝鮮の核開発について両者は折り合わず、交渉は決裂します。結果的に決裂してしまったのですが、対話が続くあいだは北朝鮮がおとなしくしていたことも事実です。

続くバイデン大統領は、北朝鮮に対して対話を呼びかけたものの、北朝鮮は応じませんでした。2期目に入ったトランプ大統領は再び金正恩と対話することに意欲を示していますが、どうなるかはわかりません。

このように、北朝鮮が最も恐れ、そして最も欲しているアメリカの態度は、その時の大統領によって変わってきています。同じ土俵に立って対話するのがいいのか、それともあえて無視するのがいいのか。これはとても難しい問題です。

粛清（しゅくせい）によって鍛（きた）えられる北朝鮮の外交力

北朝鮮は、長引くウクライナ戦争で消耗するロシアに手を差し伸べました。その見返りとして北朝鮮は、ロシアとの間で軍事同盟ともいえる「パートナーシップ条約」を結び、何かあった際にはロシアに守ってもらう約束を取り付けました。

このことからもわかるように、北朝鮮は孤立しているようで、世界をよく見ています。誰が味方についてくれそうで、今世界がどんなパワーバランスにあるか、とても注意深く見ています

脱北したある外交官は、「北朝鮮の外交は粛清によって鍛えられる」と語っています。北朝鮮では、何かミスをしたり、金正恩の意向に沿わないことをすれば、自分だけでなく家族もろ

とも強制収容所に送られたり、処刑されかねません。だから、北朝鮮の外交官は絶対にミスできないのです。そんな命懸けの状況で、北朝鮮の外交官は鍛えられるのです。同じ外交官として、なんともいえない気持ちになるのですが、わたしたちが向き合わなくてはならない人たちの肝の据(す)わり方を実感させられる言葉でした。

金正恩の母親が大阪出身という不都合な事実

金正恩の誕生日は1984年1月8日とされていますが、実は公式に発表されているものではありません。祖父である金日成の誕生日（4月15日）も、父である金正日(キムジョンイル)の誕生日（2月16日）も北朝鮮の祝日になっており、毎年盛大にお祝いされています。そうだとすると、金正恩の誕生日だけ公開されていないなんて不思議ではないですか。いったいなぜなのでしょう。

金正恩には決して触れられたくない秘密があります。それは、**金正恩の母親、高英姫(コヨンヒ)が大阪出身の朝鮮人であるということ。**金正恩の母・高英姫は大阪で生まれ、10代の時に北朝鮮に渡ります。踊り子であった彼女の美しさは金正日の目に止まり、やがて金正恩が誕生します。わたしたちからすると、「へぇ」という感じですが、これは北朝鮮にとっては不都合な事実です。

北朝鮮は徹底した階級社会で、階級は生まれながらに決められます。高英姫のように日本から北朝鮮に渡った「元在日朝鮮人」は、北朝鮮では低い階層として扱われます。なぜなら、資本主義の空気を吸ったけがらわしい奴、とされるからです。

金一族が3代にわたって北朝鮮を支配している理由を思い出してください。**それは、金日成という カリスマは、憎むべき日本の支配から人民を解放した英雄で、金一族はその英雄の家系だからです。**つまり、金一族は由緒正しき血統の家系とされているのです。

しかし、高英姫のように低い階層出身者が金正恩の母親ということがわかれば、「え、由緒正しき血統の家系なんじゃないの」という疑念を抱かれかねません。

もし金正恩の誕生日を盛大に祝うことになれば、自然と母親の話題になります。だから、高英姫の話題を避けるため、金正恩の誕生日自体を公開していないと考えられます。このように、母親が在日朝鮮人だったというのは、金正恩にとってはどうしても知られたくない不都合な事実なのです。

白いご飯に肉のスープ、絹の服に瓦屋根の家

北朝鮮の人民は、今も飢えに苦しんでいます。でも、北朝鮮は莫大なお金をかけて、核ミサイル開発を続けます。北朝鮮はいつまでこんなことを続けるのでしょうか。

建国の父といわれる金日成は、「人民が白いご飯に肉のスープを食べ、絹の服を着て瓦屋根の家に住む」ことを目標に国を作りました。でも、今の北朝鮮で、一体どれだけの人が白いご

飯と肉のスープにありつけているのでしょうか。

　北朝鮮はもともと工業が盛んで、南の韓国よりも豊かな時代がありました。石炭や銅などの地下資源も多く眠っています。日本も、諸問題を包括的に解決し、不幸な過去を清算し、日朝国交正常化を実現したい、とも言っています。

　ミサイルや核開発をやめて、たくさんの地下資源を使って、得意の工業を発展させれば、北朝鮮はもっと豊かになるのではないでしょうか。早くこんなことをやめて、日本をはじめ世界と手を取り合えば、白米も、肉のスープも、絹の服も、瓦の屋根も、お腹を空かせた人民に与えられるのではないでしょうか。わたしにはそう思えてしかたないのです。

COLUMN

キューバの人気職業・タクシー運転手

カリブ海に浮かぶ美しい島、キューバ。独立の英雄フィデル・カストロや、革命家チェ・ゲバラは日本でも人気です。このキューバで人気の職業、それがタクシー運転手です。その理由は給料が高く、中にはお医者さんよりも多く稼ぐ人もいるそうです。なぜキューバではタクシーの運転手がこれほど多く稼げるのでしょう。

キューバは社会主義の国で、この仕事はいくら、この仕事はいくら、というように、職業ごとにもらえるお給料の基準を政府が決めています。このため、どの職業でもお給料に大差はなく、平均月収は日本円で3万円くらいです。

でも、タクシー運転手は外国人観光客を相手に仕事をしますので、自分で値段を決められます。それに、ラッキーな場合にはチップをもらえるので、結果的に他の職業よりもたくさんのお金を稼げることもあります。中には1日1万円稼げる人もいるようで、それだとたったの3日で国民の平均月収を稼げてしまいますね。

キューバは観光地としてとても人気で、観光客のお目当てがキューバのクラシックカー・タクシーです。キューバには、昔の「アメ車」がタクシーとして走っていて、クラシックカーでキューバの海岸をドライブするのは、キューバ旅行の醍醐味です。キューバに行ったら、ぜひアメ車のタクシーに乗ってみてください。その際にはどうかチップも忘れずに。

―― 第 10 章 ――

K-POPには映し出されない韓国の実像

38年前までは軍事政権

Ｋ－ＰＯＰに代表されるきらびやかな韓国文化。世界的アーティストを輩出し、今や日本でも若者の憧れです。しかし、そんなＫ－ＰＯＰの姿とは裏腹に、韓国社会は今、混乱の中にあります。Ｋ－ＰＯＰには映し出されない韓国の今の姿をそもそもから見ていきましょう。

まず、韓国の「今」を知るために、韓国の歴史を少しおさらいしてみましょう。

韓国のある朝鮮半島には、長らく王朝がありました。この王朝時代をテーマにした韓国ドラマもたくさん見かけますが、日本でいうと時代劇みたいな感じですね。この王朝時代には明や清の影響下にあったこともあり、韓国の人は漢字を使うことができます。韓国や北朝鮮の人の名前に漢字表記があるのも同じ理由です。その後、１９１０年に朝鮮半島は日本の統治下に入りました。

日本が戦争に負け、朝鮮半島から撤退すると、１９５０年に朝鮮戦争が起きました。3年に及ぶ激しい戦争の末に休戦し、朝鮮半島は38度線を境に北朝鮮と韓国に分断されます。

朝鮮戦争が終わって平和になるかと思いきや、韓国の政権は軍人などの手に渡ってしまいます。戦後の韓国は、今では想像できないくらい貧しい時代を過ごしたものの、１９７０年代には「漢江の奇跡」と呼ばれる著しい経済発展を遂げ、１９８７年にようやく民主化します。つい38年前まで軍事政権だったとは、輝かしい今の韓国の姿からは、なかなか想像できないですよね。

韓国大統領の「強すぎる権限」と「短すぎる任期」

韓国では、国民が直接選挙をして大統領を選びます。韓国の大統領の任期は5年、1期のみで再選はできません。つまり5年やったら終わり、「一発勝負」ということです。

任期は短いのですが、その代わり権限は絶大です。政府のトップであるのはもちろん、軍も動かせますし、裁判所のトップも任命できます。人事や法律などに拒否権を持つので、国会が決めたことをひっくり返すこともでき、やろうと思えば戦争を始めることもできます。

このように大統領に絶大な権限が集中すると、スピード感を持って意思決定ができるというメリットがある一方で、汚職（おしょく）や不正を生む温床（おんしょう）にもなります。大統領の権限でいろんなことができるのですから、そこになんとか働きかけて自分に有利なことをしてもらおうと考える人が出てくるからです。たとえ大統領本人が関与しなくとも、その家族や友人が「わたしに良くしてくれれば大統領に進言してあげるよ」などといい、汚職や不正が生まれることもあります。

実際、最近の韓国の大統領は、ほぼ全員汚職や収賄（しゅうわい）疑惑がかけられ、中には退任後に逮捕されたり、自殺している人もいます。２０２２年まで大統領だった文在寅（ムンジェイン）氏は、現在は生まれ故郷に戻り、農作業にいそしみ、書店を開いて静かに暮らしているようですが、その一方で親族をめぐる汚職疑惑も捜査中です。また、先日弾劾（だんがい）された尹錫悦（ユンソンニョル）大統領も夫人の不正疑惑が捜査中です。

任期後半に差（さ）しかかると「反日」になってきた過去

5年1期の任期。どこの国でもそうですが、一定期間同じ人が権力の座についていれば、支持率は落ちていきます。どんな国でも、人々は今の生活に不満を持つでしょうし、その矛先（ほこさき）が国のトップに向かうのも無理はないでしょう。日本もそうですよね。むしろ、現職の大統領の支持率がずっと高いなんてことがあれば、それは逆にあやしいです。

韓国の大統領は、任期が後半に差（さ）しかかり、支持率が落ちてくると反日的になると言われることもあります。国民の不満が自分に向かないよう、国の外にその矛先を向けるためです。

韓国では、幼い頃から竹島は韓国の領土だと教えられ、修学旅行では韓国の歴史が展示される独立記念館に行き、当時の日本がいかにひどかったかを教えられます。そのため、韓国国民の中には多かれ少なかれ、反日というテーマに敏感に反応してしまう素地があります。

しかし、大統領の支持率を下げるきっかけは、最近では経済が悪いとか、大統領のまわりに汚職疑惑があるとかです。そのような不満は、たとえ日本のことを悪者にしたからといって拭（ぬぐ）

い切れるものではありません。日本のことを悪く言ったからって、偉い人たちの汚職疑惑がチャラになるわけではないし、韓国経済が良くなるわけではありません。さらに近年では、K－POPや観光など、日本と韓国の民間レベルの交流はますます盛んになってきています。そのため、今までのように反日をあおっても、あまり韓国の国民に響かなくなってきていると思います。

実は「分断が強い」韓国社会

あまりイメージがないかもしれませんが、実は韓国社会はかなり分断の強い社会です。お金持ちとそうでない人、男と女、学歴が高い人とそうでない人などの分断が目立ち、それが社会に渦巻く大きな不満となっています。

韓国の大学入試で、パトカーや白バイが出動して受験生を送り届けた、という話は日本の報道でも聞いたことがあるかもしれませんが、韓国は日本以上の学歴社会です。ソウルにある有名大学、ソウル大学、高麗(コリョ)大学、延世(ヨンセ)大学は、それぞれの頭文字をとって「SKY(スカイ)」と呼ばれ、このSKYに入ることが人生の成功への登竜門(とうりゅうもん)となります。日本でいうと、国立であるソウル大学が東大、私立である高麗大学と延世大学は早慶(そうけい)のような位置付けで、幼い頃から英才教育を受け、多くの若者がそこを目指します。

韓国では、実は男女間の対立も問題です。韓国では儒教の考えが根付いているため、ひと昔前までは女性は家を守るべしという考え方がありました。しかし、女性の社会進出が進むと、男女間の格差が目立つようになってきます。まず、男性と女性の賃金の格差は、先進国の中で一番開いています。女性の賃金は男性の賃金よりも3割程度低く、これは女性側の不満の一因となっています。他方で、兵役があるのは男性だけです（ただし女性も志願すれば入隊可能）。男性は20代という働き盛りの期間に兵役に行かなければならず、これは男性側の不満を生んでいます。このような性別による不平等を嘆く声は現代の韓国社会に「異性憎悪」として現れるようになりました。すなわち、自分とは違う性別を嫌う、ということです。

　このような厳しい学歴社会と男女の分断は、少子化の一因ともなっています。結婚したくない、子どもを産みたくない、子どもを産んだとしても韓国では育てたくないという若者が増え、韓国では異次元の少子化が問題となっています。

K-POPには映し出されない韓国の闇

　ひとりの女性が一生に生む子どもの数を「合計特殊出生率」といいますが、韓国はこれが0・75と、とても低い数字となっています。少子化で悩む日本でも1・20ですので、韓国の少子化はさらに深刻です。特に都市部の数字が低く、首都ソウルでは0・58という異次元の数字を叩き出しています。たしかに、わたしの韓国人の友人を見回してみても、だいたいは子どもが1人、多くても2人で、3人子どもがいる友人はひとりもいません。韓国は、このまま少子化が進めば、「**人口減少で消滅する最初の国となる**」とまで言われています。

また、韓国といえば美容を思い浮かべる方も多いでしょう。たしかに韓国人は肌がきれいで美しい人が多い、というイメージがあります。しかし、それには必要以上に見た目を重視する韓国社会の価値観が影響しています。「ルッキズム（外見至上主義）」という言葉が日本でも最近聞かれるようになりましたが、韓国社会ではこのルッキズムが強くみられます。女性には顔の美しさやスタイルの良さが求められ、男性については身長の高さのほかに、学歴、収入が重視されます。このような社会に疲れ果て、社会にはうつ病が蔓延（まんえん）し、自殺率（人口10万人あたりの自殺者数）は27・3人（日本は16・3人）と、先進国の中では最も高い水準です。

空前の韓流ブームから、お隣・韓国をうらやむ声が日本でも多く聞かれるようになりました。たしかに韓国ドラマもK－POPも華やかな世界ですが、その裏にはこのような社会の闇もあるのです。

揺れる韓国――安保はアメリカ、経済は中国

韓国の外交政策をざっくりいうと、安保はアメリカ、経済は中国に頼る、というものです。

韓国は、この二つの大国にはさまれ、難しい外交の舵取り(かじとり)をしなければなりません。

韓国はアメリカの同盟国で、アメリカ軍が駐留しています。朝鮮戦争において南の韓国は、アメリカの支援を受けていましたね。その影響もあり、基本的には韓国はアメリカ側の一員です。米韓同盟は、北朝鮮を念頭においていて、「ここにアメリカ軍がいるんだから、韓国に攻めてくるなよ」というメッセージを発しています。韓国は自分の国の軍隊を持っていますので、平時は自分たちで国を守るけれども、有事の場合にはアメリカ軍が出ていくというのが基本的な韓国の防衛スタイルです。

しかしその一方で、経済的な結びつきが強いのは中国です。地理的に近いこともあり、韓国の貿易相手として不動の1位は中国です。また、多くの中国人が韓国へ旅行し、中国人旅行客は韓国にたくさんのお金を落としていってくれます。このように中国は韓国にとってお得意さんであり、中国なくして韓国の経済は回りません。

このように韓国は、アメリカと中国の間でバランスを取るという難しい舵取りをしなければいけません。

典型的な例として挙げられるのが、THAAD(サード)配備問題です。北朝鮮が身勝手な核開発やミサイル発射を繰り返すため、韓国とアメリカは「THAAD(サード)」と呼ばれる最新鋭のミサイル防衛システムを韓国に導入しました。しかし、これに反対したのが中国です。中国は、THAADに使われている高精度のレーダーは、中国を監視するものだとして猛反発します。韓国のTH

AAD配備に反対した中国は、中国から韓国への団体旅行を禁止しました。それまでたくさんの中国人観光客を受け入れていた韓国経済は、観光客が激減したことで大きな打撃を受けました。

このように、安全保障はアメリカという一方で経済は中国、という微妙なバランスを取らなければいけないのが韓国の難しいところです。

さらに、隣の北朝鮮は核兵器やミサイルの開発をやめないし、韓国国民の間で日本への反日感情もしばしば高まります。文化や芸能などとても輝かしく見える韓国にも、いろいろと頭痛の種が多いのです。

疑惑だらけの大統領夫人

尹大統領の歩んだ道は、当初から波瀾万丈(はらんばんじょう)でした。尹候補が大統領選挙でライバルにつけた得票差は0・7ポイントと、韓国史上最も僅差(きんさ)なものでした。またその支持率は、就任当初こそ50％ほどあったものの、どんどんと下がり始めます。就任から2年後に行われた総選挙では、尹大統領が率いる与党が大きく負け、国会で自分の与党が少数派になってしまいました。

自分たちの党が少数派になったこともあり、尹大統領の苦難の道はさらに厳しいものになります。野党が過半数を占める国会では、野党の法案が通ります。それに対して、尹大統領は拒否権を行使します。国会が法案を出しても出しても、大統領は繰り返し拒否権を使って廃案にし、韓国の政治は混乱を極めます。

尹大統領の5年の任期が半分に差しかかる頃には、支持率は20％に迫り、危険水域とまでいわれていました。しかし、そもそもなぜこんなに支持率が下がったのでしょうか。その大きな理由のひとつが、大統領夫人の不正疑惑です。

尹大統領夫人にはさまざまな疑惑がありました。経歴詐称（さしょう）をしたとか、高級バックをワイロとしてもらったとか、株価を不正に操作したなど、疑惑はさまざまです。それらの疑惑に対して、韓国の国会では、特別検察官というものを立てて捜査しようとしました。特別検察官とは、大統領やその家族などの捜査を行うためだけに任命される特別な検察官のことです。韓国の大統領は権限が大きいので、検察官たりとも大統領の息のかかった人間である可能性があり、それでは公正な捜査はできません。そのため、大統領やその家族などの捜査をするときには、公正に捜査できる人を特別に任命して捜査するのです。しかし、尹大統領はそれを拒否しました。もちろん野党は反発します。

このように、支持率の低下や大統領夫人の疑惑追及などで追い詰められた尹大統領は、ついに非常戒厳令（かいげんれい）という禁じ手に及んでしまいます。

悪夢を呼び起こした「戒厳令」

韓国の大統領が持つ強い権限。そのひとつに、「戒厳令」があります。これは憲法が大統領に与えている権限で、一時的に国民の権利を制限し、国を軍に任せるものです。国がストップしてしまうほどの大きなことが起きた場合、人が集まることや、マスコミによる自由な報道を一時的に制限し、軍が治安を維持するというものです。具体的に想定されているのは、戦争が起きたり、国全体が混乱に陥るような大規模デモが起きたりする場合です。

尹大統領は、2024年の末、何の前ぶれもなく突然戒厳令を出し、韓国国内のみならず世界に衝撃を与えました。当時、たしかに韓国の政治は混乱していましたが、国民の生活はいたって平和なものでした。戒厳令が出されたのは夜10時半ごろだったので、家で休んでいた人もいれば、外でいつものように食事を楽しむ人もいました。人々の生活は、国の機能がストップする戦争や大規模デモのようなものとは程遠い、いつもと変わらぬ日常だったのです。それにもかかわらず、急に戒厳令が出され軍が出てきたことは、韓国国民に大きなショックを与えました。それだけでなく、戒厳令は過去の軍事政権の悪夢を国民に思い起こさせました。なぜなら、軍が国の機能を握ってしまうのですから。国民を守るべきはずの軍が、国民に銃を向けてきたのですから。

この戒厳令はわずか6時間で解除されましたが、そこから尹大統領の威厳は転げ落ちるように失墜し、のちに弾劾決議が可決され、大統領としての職務をすることはできなくなりました。また、戒厳令を出したことが「内乱罪」にあたるとして、現職の大統領として初めて逮捕され、その後釈放されました。

自由の脆さと、国民の強さ

韓国で起きたことを日本は対岸の火事として眺めるだけではいけません。**わたしたち日本人が韓国から学ぶべきこと、それは自由の脆さと国民の強さです。**

日本も韓国も、自由な民主主義の国です。わたしたちは当然に選挙権を与えられ、国と違う意見を言っても弾圧されることもありません。日常生活の中で、軍から銃口を向けられる恐怖を感じることもありません。

しかし韓国では、大統領ひとりがその腹を決めただけで、一夜にしてこんなことが起きてしまったのです。今回の戒厳令は6時間で解除されたものの、もしそれが解除されていなかったら今ごろどうなっていたのでしょう。

つまり、**わたしたちが普段の生活で当たり前に持っている自由は、思っているよりもずっと脆いものなのです。**誰かの行動ひとつで、わたしたちの自由はあっという間に奪われかねません。

その一方で、韓国から学ぶべきことは、国民の強さです。戒厳令が出されるとすぐに、多くの韓国国民が立ち上がりました。ぼうっと状況を見守るのではなく、戒厳令に反対し、自由を取り戻そうと行動しました。韓国という国は、民衆が自分たちの力で自由を勝ち取った国です。だから、自由がいかに尊くて、大事で、守らなければいけないものかよく知っています。

この韓国国民の強さは、わたしたち日本人も見習うべきところです。日本には戒厳令のようなものはありませんが、もし外国からの介入でわたしたちの自由や民主主義が奪われそうになったらどうしたら良いでしょうか。何か起こるときは、あれよあれよという間に事が進み、気づけば自由は奪われていた、ということになりかねないのです。韓国のように、自由を守った国民の強さは、日本人としても学ぶところが多そうですね。

日韓の不仲は北朝鮮の「漁夫（ぎょふ）の利（り）」

日本と韓国の関係はこれからどうなっていくのでしょう。尹政権の日韓関係はとてもよいものと評価されていましたが、少し前の文政権だったときには、日韓関係は最悪といわれていました。日本と韓国は、歴史問題も含めていろいろあります。お隣さんですから、争うこともあるでしょう。日本人の中にいろんな感情があるのも理解できます。

しかし、**日本と韓国の仲が悪くなると、北朝鮮が得をするだけです。**

北朝鮮の核・ミサイル開発のような勝手な行動は、日本と韓国とアメリカが力を合わせて止めなければいけません。この3ヵ国がきちんと協力することがとても有効です。なぜなら、この3ヵ国は、北朝鮮が敵と位置付けている国だからです。敵同士が協力し合っていたら、北朝鮮にとっては怖いですよね。

しかし、日本と韓国の仲が悪くなってしまうと、この3ヵ国の協力にヒビが入りかねません。ヒビが入ってしまうと、共同演習もできなくなりますし、北朝鮮に対する抑止が働かなくなります。そうすると、敵同士が不仲であるスキを狙って、北朝鮮は軍事開発を進めることができます。つまり、日本、韓国がモメている間に、北朝鮮が漁夫の利を得てしまうというわけです。

日本では韓流ドラマやアイドルが大人気です。日本人がますます韓国を好きになってきているのを感じます。その一方で、政治や歴史の問題では、複雑な感情を抱いている人が多いのも理解しています。しかし、**日本と韓国の仲が悪くなると、誰が微笑むのか、落ち着いて考えてみましょう。**そしてそれは、日本にとって本当にいいことなのでしょうか。北朝鮮の「漁夫の利」は、日本にとってさらなる脅威となるだけなのです。

「スラムダンク」がつなぐ日韓の絆

戒厳令をきっかけに、尹大統領は大統領の座から退くことになりました。次の大統領は誰になるのでしょうか。

今までの歴代大統領は、支持率の落ちる任期後半に差しかかってくると反日になる傾向がありました。国内がガタガタすると、国民の関心をそらすために、日本に対して厳しい態度を取ろうとするのです。しかしわたしは、そのような傾向は今後弱まっていくのではないかとの希望を持っています。別の言い方をすれば、政府がいくら誘導しても、韓国国民が反日に大きく傾くことはないのではないか、と思っています。

その理由は、日韓の文化や人の交流です。韓流ブームをきっかけに、日本では若者を中心に、多くの人が韓国文化に触れました。毎日のようにK－POPを聴き、韓国のアイドルに憧れ、時間とお金を見つけては韓国に足を伸ばします。

それは韓国でも同じです。韓国の30代から40代の世代は、「スラムダンク世代」と呼ばれるほど、幼い頃に多くの人がスラムダンクを観て育ちました。わたしの韓国人の友人も、もれなく全員がスラムダンクを知っていますし、「スラムダンクを見てバスケットボールを始めた」という人を何人も知っています。スラムダンクだけではありません。「ドラえもん」を観て日本語を勉強した人もいれば、「鬼滅の刃」は韓国でも空前の大ヒットでした。このように小さい頃から日本文化に親しみを持って育ってきた人が、現在の韓国社会の中心的な存在になりつつあります。

日本でも韓国でも、反韓・反日感情を持つ人は、年配の方が多いです。当時の韓国では、戦争の傷も癒えていなかったでしょうし、親の世代から日本がいかに悪い国かを聞かされていたことでしょう。でも、これからを担っていく若い世代は違います。お互いがお互いに抱く親近感は、年配の世代のそれとは比べものになりません。

実際このようなことは調査でも明らかになっていて、日本に対して好感を持つ韓国の人は全体では47％ですが、29歳以下に限れば66％の人が好感を持つと答えています。一方の日本でも、韓国に対して好感を持つと答えた日本人は全体の56％ですが、そのうち29歳以下では73％もの人が好感を持っていることが明らかになっています。

たかが文化、されど文化です。国同士の関係に比べれば、個人の関係は小さいものかもしれないけれど、でも国と国との関係は、結局は個人の関係の積み重ねです。わたし自身も、スペインという白人社会に住んでいたとき、韓国人とは肌感覚が似ているな、一緒にいると安心するな、と感じていました。日本人と韓国人、個々人の関係がよくなっていく、それがひとつひとつ積み重なっていくことが、いずれ大きな日韓関係を築くことになるのです。

わたしは、K-POPやスラムダンクがつなぐ日韓の絆を信じています。日韓関係が、「人々の交流で外交を変えられる」といういい例になってほしい、そう願っています。

COLUMN

パラグアイにある「タマゴ御殿」

南米大陸の真ん中あたりに位置する内陸国、パラグアイ。「南米のへそ」とも呼ばれています。世界最大の滝・イグアスの滝が近くにあることから、水力発電が盛んで、国内の電力のほとんどを水力発電でまかなっているというクリーンエネルギー大国です。

そんなパラグアイの首都・アスンシオンから1時間ほど車を走らせると、「イタ」という郊外の街に着きます。そこに現れるのは、日本式のお城です。なぜ、ここにお城があるのでしょうか。

その昔、パラグアイでは安全な卵を食べることが難しかった時代がありました。しかし、日系移民の前原弘道(まえはらひろみち)さんのおかげで、今では安全に卵を食べられるようになったのです。前原さんは20歳の時に家族と共にパラグアイに移住し、そこで養鶏(ようけい)を始めました。彼は試行錯誤を繰り返し、ようやく安全な卵の生産に辿(たど)り着きました。今では、前原さんの作ったブランドの卵が、パラグアイで食べられている卵の70%を占めています。成功した前原さんは、パラグアイの地に日本式のお城を建て、そのお城が「タマゴ御殿」と呼ばれているのです。

日本から遠く離れた国で日本人が頑張っているのはとても誇らしことですね。

—第11章—

10分でわかる
ロシアによるウクライナ侵略

ロシアによるウクライナ侵略は終わったのか

ロシアがウクライナへの侵略を開始してから、3年が経ちようやく停戦に向けた動きが出てきています。

これまでの戦争で、ウクライナは領土の2割を占領され、4万人以上が犠牲となりました。攻め込んだロシアも無傷ではありません。欧米から供与された最新鋭の兵器を持つウクライナ軍に対抗するため、ロシアはとにかく兵士をたくさん突っ込みました。人の命を軽く考える戦い方により、ロシア側の戦死者はウクライナ側よりも圧倒的に多くなっているとみられます。正確な数はわかりませんが、9万人超、または20万人という分析もあります。さらには1万人の北朝鮮兵士が前線に送り込まれ、半数に近い約4千人が死傷したといわれています。

このように苛烈を極めたウクライナ侵略に、ようやく停戦の動きが出始めています。はたして、ウクライナに平和は訪れるのでしょうか。また、ウクライナ侵略は日本にどのような影響をもたらすのでしょうか。

そもそもロシアはなぜウクライナに侵攻したのでしょう。**キーポイントは、「不凍港」と「NATOの拡大阻止」**です。ウクライナやロシアの未来を占うため、そもそもから振り返ってみましょう。

そもそもロシアってどんな国だっけ

まず、ロシアという国の基本を復習しておきましょう。ロシアは世界で一番広い国で、日本の45倍もの面積を持ちます。14もの国と国境を接する国土は東西に大きく広がり、ロシアの端と端では10時間もの時差があります。人口も1億4600万人と多く、国の規模が大きいことがよくわかります。

ただ、ロシアという国は多民族国家です。国民の7割はロシア人ですが、他は200近い数の民族で構成されています。ロシアの正式名称は「ロシア連邦」といい、ロシアだけでなく、83の共和国と州が一緒になっている国です。共和国には一定の自治が認められていて、自分たちの共和国のことは自分たちで決めていいよ、ということになっています。チェチェンなどイスラム教の共和国もあれば、世界最低気温（氷点下71度！）を記録したサハ共和国というのもあります。これだけ見ても、ロシアという国が実に多様なことがわかります。

また、ロシア人もロシアだけでなく、いろんなところに散らばって住んでいます。ラトビアでは40%、エストニアでは30%がロシア系の住民です。不幸にもロシアに攻め込まれてしまったウクライナも、実は約5人に1人がロシア系の住民です。

島国である日本にはあまり馴染みがないかもしれませんが、ユーラシア大陸の国々のように陸続きの場所では、ある民族がいろんな国にまたがって生きているのは自然なことです。今回取り上げるウクライナとロシアも、ルーシ民族という共通の先祖を持ちます。「ルーシ」というのはロシアという国名の由来ですし、お隣のベラルーシという国は「ルーシ人の国」という意味です。

ボルシチという料理を聞いたことがある人も多いでしょう。日本ではロシア料理として有名ですが、実はボルシチの発祥はウクライナです。ウクライナ風のボルシチは野菜をたっぷり使っていて、最後にニンニクを効かせるのが特徴ですが、ロシア風のボルシチはハムやソーセージが具として加わっていて、それもまた美味しそうです。

このように、民族だけではなく、文化や食べ物なども似ている部分も多いのです。元を辿(たど)れば同じ民族が争っている、というのはなんとも悲しいことですね。

マックもスタバもないのに苦しくないのか

ロシアには、マクドナルドもスターバックスもありません。買い物しようにもVISAカードもMASTERカードも使えないし、アップルペイも使えません。ロシアで人気だったユニクロも今は買えません。なぜなら、アメリカや日本の企業がロシアから撤退しているからです。

ロシアがウクライナに侵攻し、世界中がこれをいっせいに非難しました。人間だったら悪いことをしたら刑務所に入りますが、国の場合はそうもいきません。そこで、**悪いことをした国には経済的な罰を与えます。これを「経済制裁（けいざいせいさい）」といいます。**

他の国とのあいだで物を売ったり買ったりする場合、代金はどうするのでしょう。いちいち現金を郵便で送るなんてことはせず、SWIFT（スウィフト）と呼ばれる国際システムを用いて決済（けっさい）されます。しかし、経済制裁により、ロシアはこのSWIFTシステムから排除されました。このシステムが使えないと、仮にロシアの企業と取引しても、代金のやりとりがとても難しくなるので、「それだったらロシアの企業と取引するのはやめようか」となるわけです。

また、**ロシア産の石油などのエネルギーを買うのにも制限がかけられました。**ロシアは天然資源が多く採れる国ですが、その収入が減れば、ロシアのお財布事情は苦しくなります。こうして間接的に戦争をやめさせようとしたわけです。

凍（こお）らない港を求めてきたロシアの歴史

なぜロシアがウクライナ戦争を起こしたのか。ひとつ目のキーワード、「不凍港」について見ていきましょう。

国が経済的に発展するためには、海が重要です。なぜなら、**世界の物流の80％は海上の輸送だからです。**外国にモノを運ぶ場合、車や鉄道などの陸上運輸、飛行機を使う空輸などがありますが、圧倒的にコスパがいいのが海上運輸です。陸上運輸だと国境を越えるたびにいちいち税関などの手続きが必要になります。また、空輸は多くの荷物をいっぺんに運べない上に、高くつきます。しかし海であれば、コンテナで重い荷物を一気にたくさん運べるし、時間は多少かかっても安いコストで済みます。

そうだとすると、もちろんロシアも海が欲しいのです。でも、ロシアは寒い地域ですから、周りに広がる海は凍っています。船は氷の上を通ることはできないし、氷をガンガン割りながら進む砕氷船（さいひょうせん）という船もあるのですが、この船はとても船自体が重いので、荷物をたくさん積むことができません（積んだとしても輸送コストがものすごくかかってしまいます）。このような事情から、ロシアはどうにかして凍らない港が欲しいのです。**ロシアは、国ができてからずっとこの「不凍港」を求めてきた歴史でした。不凍港を求めて、南や東に進出してきたのがロシアの歴史です。**

ロシアは小麦の一大産地で、夏から秋にかけて収穫時期を迎えます。しかしロシアは秋になるとどんどん寒くなり、港が凍りはじめます。そうなると、せっかくたくさん小麦が獲（と）れたのに、海外に輸出することができません。

さらにロシアは世界第2位の天然ガス生産国です（1位はアメリカ）。天然ガスを他の国に輸出するには、陸のパイプラインで運ぶ方法と、特殊な技術でマイナス162℃まで冷却して液体化させて運ぶ方法があります。液体化した天然ガスをＬＮＧといいますが、ＬＮＧはタン

東西に長い国、ロシア

カーに入れて船で運びますので、ここでもやはり海が必要となります。

歴史を振り返ると、不凍港を求めたロシアは、まずは今のトルコがある地域、当時のオスマン帝国へ進出しました。何が何でも南へ行きたいロシアは、オスマン帝国と何度も争い、そのうち最も激しかったものを「クリミア戦争」といいます。オスマン帝国の支配領域を手に入れることができれば、地中海からインド洋、大西洋など広い海に出るルートが確保できるので、ロシアとしては戦争をしてでも手に入れたかったというわけです。しかし、ロシアはクリミア戦争に敗れます。

敗れてしまったロシアが次に目をつけたのが日本です。ロシアは東西に長い国です。西はドイツなどヨーロッパの強い国がいて難しい、南でも負けてしまった、じゃあ東のほうはどうだろう、となって日本を狙ってきました。これが日露戦争です。でも結果は、みなさんご存じの通り、日本が勝ちました。

このように、ロシアは世界で一番広い国土を持ちながらも、国土の多くは凍っていて使い勝手が悪い、そして凍らない港もない、だから凍らない港を求めていろんな国と戦争してきたけど、結局なかなかいいものが手に入っていない、という歴史なのです。

COLUMN

ナイチンゲールとカーディガン

わたしたちが肌寒い時に羽織るカーディガン、この発祥はクリミア戦争です。

寒い戦場では、兵士はセーターを着て戦っていました。しかし、兵士が負傷すると、いちいちセーターを脱がして治療するのは大変なことでした。そこで、イギリス軍の一人として従軍していたカーディガン伯爵(はくしゃく)が、兵士の着ていたセーターの前を切り開き、ボタンをつけて、着脱を簡単にする服を思いつきました。これが、現代までわたしたちの身近にあるカーディガンの発祥と言われています。寒い時期、カーディガンを羽織る際には、クリミアの戦場で凍(こご)えていた兵士に想いを馳(は)せてみてください。

さらに、このクリミア戦争で活躍した有名な女性が、かのナイチンゲールです。ナイチンゲールはイギリスの裕福な家庭に生まれます。当時、女性が働くのは一般的ではなく、また、血や傷に触れる看護師という職業も、尊敬を集めるような仕事ではありませんでした。しかし、ナイチンゲールは親の反対を押し切り、看護師となります。のちにクリミア戦争に派遣されたナイチンゲールは、負傷した兵士を献身的に看護しました。

このナイチンゲールの献身ぶりは、赤十字(せきじゅうじ)を組織するきっかけとなりました。また、今では当たり前のナースコールも、ナイチンゲールが発明したものです。このように、彼女の精神は、今のわたしたちの時代にも受け継がれているのです。

そもそものはじまりは「クリミア併合」

クリミア半島とは、ウクライナ南部にある半島で、冬でも海が凍らない不凍港があります。しかも、橋をかければロシア側からクリミア半島に出ることもでき、ロシアからすると喉から手が出るほど欲しい土地なわけです。「クリミア戦争」という名前からも分かるように、ロシアはずっとこの半島を狙っていましたが、なかなか思うようにいきません。

ロシアにとって重要なクリミア半島はウクライナの一部です。そこで、ロシアとしてはウクライナがロシアに近く、ロシアの「子分のような」国でいてほしいと思うわけです。しかし、ウクライナとてそんな簡単にはいきません。

ウクライナはヨーロッパとロシアに挟まれるというその土地柄、ロシアと仲良くするのがいいのか、ヨーロッパと仲良くするのがいいのかということについてさまざまな議論が行われてきたという歴史のある国です。

ヨーロッパとロシアの間で揺れてきたウクライナに、2014年、大きな事件が起こります。当時のウクライナの大統領、ヤヌコーヴィチ大統領は、どちらかというとロシア派の大統領でした。でも、国内では汚職もひどく、経済もなかなかよくなりません。そんな状況に国民の不満が爆発。爆発した国民の不満は大きなデモとなり、追い詰められたヤヌコーヴィチ大統領は

黒海に位置するクリミア半島

ロシアに逃げてしまいました。これを「マイダン革命」と呼びます。

マイダン革命後のウクライナでは、ロシアと決別するような動きも見られました。例えば、ウクライナの公共の場でソ連（旧ソビエト連邦）のシンボルをつけたり、ソ連の国歌を歌ったりすることが禁止されました。第二次世界大戦の戦勝記念日に、ソ連の旗を掲げていたおじいさんが逮捕されたこともあります。このように、だんだんとウクライナはロシアから離れ、ヨーロッパ側に近づいていきました。

これに黙っていないのはロシアです。ウクライナがヨーロッパ側に行ってしまう、という危機感を持ったロシアは、クリミアに進軍。わずか2週間ほどでクリミアを占領し、一方的にクリミア半島を併合します。これを「クリミア併合」といいます。

クリミア併合は世界中から非難を受け、その結果ロシアはG8から外されました。日本も入っている「G7」は、クリミア併合前はロシアも含めたG8でしたが、このクリミアの一件でロシアが外され、今では「G7」になっているのです。

このように、ロシアによるウクライナ侵略は、2022年に起こったことに加えて、2014年からの一連の流れを理解する必要もあります。

「冷戦」ってそもそも何だったっけ？

今回のウクライナ戦争のもうひとつのキーワード、「NATOの拡大」についても見ていきましょう。

そもそもは冷戦の時代までさかのぼります。1945年、第二次世界大戦が終わり、やっと平和な世の中が訪れると思いきや、世界は新たな対立に入ります。それが「冷戦」です。第二次世界大戦のようにドンパチ火薬や爆弾は使わないけれども、国同士の対立がどんどん深まり、関係性がどんどん冷え込んでいく、そのような様子を「冷戦」と呼んだのです。

冷戦の構図は、アメリカをリーダーとする資本主義の国と、ソビエト連邦をリーダーとする社会主義の国の対立です。一般的にアメリカ側のことを「西側」、ソ連側のことを「東側」といいますが、そもそもこの二つのグループはいったい何で対立していたのでしょう。

基本的な対立構造は、経済をめぐる考え方の違いです。資本主義では、みんな自由に頑張って自分の力でお金稼ぎしていいですよ、もちろん一定のルールは作るけど、みんなそれぞれ頑張って、競争を勝ち抜いた人がお金持ちになる、そんな世の中でいいじゃない、という考え方です。

それに対して社会主義は、いやいやみんな自由に競争させていたら、競争に負けちゃった人は貧しくなるいっぽうじゃないか、そんなのかわいそうだ、みんなが協力して、みんなが平等な社会を作り上げていくのがいいじゃないか、という考え方です。

1945年に戦争が終わってから、世界では新しい国がたくさん独立しました。そうすると、その二つのグループの間では、新しい国には自分たちのように資本主義になってほしい！　いやいや、平等こそすべてだ、社会主義になってほしい！　という、いわば「陣取り合戦」みたいなことが始まったのです。これが、冷戦の基本的な構図です。

ワルシャワ機構はなくなり、NATOは残った

この二つのグループの対立は、「ただの考え方の違いだよね」ということにとどまらず、軍事的なものに発展しました。社会主義の連中がこちらに攻めてくるかもしれないから、資本主

義グループは団結して自分たちを守らないといけないよね、と結成されたのが、「北大西洋条約機構（NATO）」です。アメリカ、カナダ、ベルギー、オランダ、など12の国が参加して、1949年に出来上がりました。

そうすると、黙っていないのは社会主義のグループです。資本主義の連中が何やら軍事同盟を作ったらしい、それならこちらも対抗しなくちゃいけないよね、となりできたのが「ワルシャワ条約機構」です。NATOの6年後、1955年に、ソ連やポーランド、東ドイツ（当時ドイツは東西に分裂していました）、そしてチェコスロバキア（当時はひとつの国でした）、ハンガリー、ルーマニアなど東欧の8ヵ国が参加してできた軍事同盟です。

NATOでもワルシャワ条約機構でも、もし誰かが攻撃されたら、全員で反撃することが決まりです。仲間が攻撃されたら、全員で反撃します。つまり、NATOの国どこかひとつでも攻撃したら、NATOが全員そろって反撃してくるので、これはかなり強力な軍事同盟だといえます。こうして、軍事同盟にまで発展してしまった二つのグループは、激しいにらみ合いを続け、武器や核兵器をどんどん作って、お互いを威嚇しつづけます。

そのにらみ合いがピークに達したのが、1962年の「キューバ危機」です。ソ連が同じく社会主義陣営であるキューバにミサイルを配備しました。キューバはアメリカのすぐ南にある国で、「アメリカの裏庭」とも呼ばれます。そんなキューバにソ連がミサイルを配置したら、いつアメリカ本土を攻撃されてもおかしくありません。それに怒ったアメリカは、キューバの周りの海を封鎖して、ソ連の船を通れなくしました。両者一歩も譲らず、核戦争が起きるのではないか、と世界中が恐怖に怯えました。結局アメリカとソ連は話し合いでなんとか危機を回避し、最悪の事態は免(まぬが)れました。

その後、社会主義の国が次々に崩壊していきます。社会主義の「みんな平等」とは、どんなに働いてもみな平等、みな同じ給料なのです。となると、「どうせ同じ給料なら一生懸命働かなくてもいいか」という人が現れ、国全体としての生産は落ち込んでくるのです。また、「平等もいいけど、もっと努力して、自分で自由にお金を稼ぎたい、自分のことは自分で決めたい」という声も多くなってきます。そうして、社会主義の国々は行き詰まりを見せていきます。そのような中、冷戦の象徴であった東西ドイツを分断するベルリンの壁が１９８９年に崩壊し、アメリカとソ連も冷戦の終わりを宣言、その2年後にワルシャワ条約機構も解散しました。

冷戦を終えて、ワルシャワ機構は解体、ソ連も崩壊しました。ソ連が崩壊したのだから、NATOもなくなっていい気もしますが、NATOは残りました。しかもNATOは単に残っただけでなく、どんどん拡大していきます。

NATOは、できた当時は12ヵ国だったのに、現在は32ヵ国にまで拡大しています。NATOに入りたいという国が増えるとおもしろくないのはロシアです。ロシアからすると、そもそも自分達に対抗するために作られたNATOがどんどん大きくなっていくということは、ロシアの敵が増えているように見えてしまうのです。

NATOの拡大を絶対に阻止したいロシア

NATO拡大の流れはウクライナにも及びます。

先ほど触れたマイダン革命後、ウクライナは今までよりいっそうヨーロッパ寄りになっていきました。クリミア併合が起きても、ウクライナはロシアに屈するどころか、むしろ「やっぱり仲良くすべきはヨーロッパだよね」と、今まで以上にヨーロッパの一員になりたいとの考えを強くしました。それに、「やっぱりNATOに入ってアメリカや西側の国と一緒に自分の国を守ろう」と主張する人も多くなってきました。

もっとも、ウクライナ国内には違う意見もありました。ウクライナは「汚職大国」として知られるほど汚職が多く、その国の政治状況のクリーンさを表すランキングでは180ヵ国のうち105位と、低い水準にとどまっています。ちなみに汚職が多いとEUには入れませんので、ウクライナの汚職の多さはEU加盟にも障害となっています。ウクライナの経済をみても、GDPはソ連時代よりも6割にまで落ち込み、国民の生活はなかなか豊かになりません。

ウクライナの中でもロシア系住民の多い東部は、地下資源が豊富なことからもともと工業が発達し、住民の生活も豊かでした。しかし、ソ連が崩壊し、ウクライナという国が独立すると、その東部地方は貧しくなっていきます。東部の人の所得は、ソ連時代よりもウクライナが独立してからのほうが低くなっています。そのようなことに不満を持っていた人もいたわけです。

このようになかなか国内がまとまらない状況の中、コメディアン出身の大統領が誕生します。それが今もウクライナを率いているゼレンスキー大統領です。ゼレンスキー大統領はそれまで以上にＮＡＴＯ加盟に積極的でした。

ウクライナは地理的にみて、ロシアにとって裏庭のような存在です。しかも、ロシアにとって大事な海への出口もあります。だから、**ロシアとしてはウクライナがＮＡＴＯに入るのは絶対に嫌なのです。**

ウクライナのＮＡＴＯ加盟を絶対に阻止したいロシアは、「ロシア系住民がウクライナ東部で辛い思いをしているんでしょ、だったらロシアがウクライナに行って助けてあげるよ」ということを口実に、２０２２年２月、ウクライナに攻め込みました。

このように、ウクライナのＮＡＴＯ加盟に向けた動きが決定的な引き金となり、ロシアはウクライナに攻め入ったのです。これがロシアによるウクライナ侵略の始まりです。

逃げなかったゼレンスキー大統領

ロシアは当初短期決戦でいけるだろう、と思っていました。クリミア併合のように、短期間でパッと占領して、他の国が手を出せないうちに終わらせてしまおう、元コメディアンの大統領なんてすぐに逃げるだろう、と考えていたのでしょう。

しかしそこには誤算がありました。ウクライナ軍は思いのほか善戦し、ゼレンスキー大統領も逃げ出すどころか、毎日のようにＳＮＳでの発信を続け、国民を励まし続けました。でもこれは偶然の産物でもなくて、実はウクライナも２０１４年にクリミアを取られてから、ロシアの脅威を黙って見てきたわけではありませんでした。

ウクライナは着々と軍の改革をしていたのです。クリミアに侵攻された次の年、２０１５年には徴兵制が復活しましたし、クリミアで壊滅した海軍も建て直していました。ゼレンスキー大統領も、コメディアン出身という素養もあってか、巧みにＳＮＳを使いこなし、国民や軍を鼓舞し続けました。それまでなかなか国内がまとまらなかったウクライナが、ロシアの侵略によって団結した……この皮肉をロシアはどう受け止めているのでしょう。

ヨーロッパやアメリカなど欧米諸国もウクライナを支援しました。ミサイルやドローンなどの最新兵器をウクライナに送り、少し遅れながらも本格的な支援に乗り出しました。軍の規模ではロシアよりも圧倒的に劣るウクライナ軍ですが、ゼレンスキー大統領のリーダーシップ、そして絶対に国を守るんだという士気の高さ、そして欧米からの支援により、ロシアからの攻撃に耐え抜きます。

一方のロシアとて今さら手を引くわけにもいきません。ウクライナ軍が使う最新兵器に対抗するべく、とにかく兵士を前線に突っ込む、いわば肉弾戦のような戦い方を繰り広げました。

そのため、ロシア側の犠牲は甚大で、ウクライナ側の何倍にも及んでいるといわれています。ロシアは貧しい人や共和国の人、さらには服役している囚人などもどんどん徴兵し、戦争の前線に送り込みます。

北朝鮮の手も借りたロシア

しかし、さすがのロシアも疲弊(ひへい)してきます。多くの兵士を失い、戦車やミサイルなどの武器は消耗し、砲弾も不足しました。**そこに手を差し伸べたのが北朝鮮です。**

北朝鮮は、ロシアに砲弾を援助し、兵士を派遣しました。世界の安全を守るための国連安全保障理事会（通称「安保理」）、その常任理事国であるロシアが戦争を起こしていること自体そもそもおかしなことなのですが、それだけでなく国連の制裁対象となっている北朝鮮が戦争に参加しているのです。これだけ見ると、国連がつくった国際秩序はめちゃくちゃにされている、と言わざるをえません。

ウクライナ戦争の前線に送られた北朝鮮兵士の多くが亡くなっています。でも、北朝鮮としてはそこまでの犠牲を出しながら、何のメリットがあるのでしょう。まず、北朝鮮とロシアの間に、「パートナーシップ条約」というものができました。これは軍事同盟のようなもので、北朝鮮に何かあったらロシアが守るからね、ということです。国連の制裁を受けていて、さらに核開発も続ける北朝鮮を、国連安保理の常任理事国であるロシアが守るというのはどういうことなのか……まさに今の世界の秩序に対する挑戦としか思えませんが、北朝鮮にとっては万が一の時にはロシアに味方になってもらう約束を取り付けられたわけです。

北朝鮮にとってのメリットはそれだけではありません。生き残った北朝鮮の兵士は、実戦経験を積んで帰ってきます。それは単なる実戦経験ではなく、最新の実戦経験です。ウクライナ戦争では欧米から供与された最新兵器が使われていますので、北朝鮮の兵士は最新兵器を使った戦争での実戦経験を積んでくるのです。

北朝鮮の兵士が最新の実戦経験を積んでいる、これはめぐりめぐって日本への脅威にもなりうるのではないでしょうか。

ウクライナ侵略から日本が学ぶべきこと

今回のウクライナ侵略から学ぶべきことは、日本の安全のありかたです。北方領土問題を抱え、地理的にもロシアに近い日本は、ウクライナ侵略を他人事としてみてはいけません。今日のウクライナは明日の日本だ、といってもいいかもしれません。

ヨーロッパの国々には、ウクライナの次は自分たちだ、という危機感があります。特に北欧やバルト三国などロシアと地理的に近い国は、より切迫した危機感を持っています。もっともこのような危機感は、わたしたち日本人も十分に持つべきです。

ウクライナ戦争から日本が学ぶべきことは、日本がどこかの国に攻められた場合に備え、**少なくともしばらくの間は自分の国を守る力、同盟国などの助けが来るまでは耐え忍ぶ力をつけることが必要**、ということです。ロシアがウクライナに侵攻した時、アメリカやヨーロッパは一斉にロシアを非難し、ウクライナの側につきました。それでも、ウクライナに武器が届くのには時間がかかりました。みんなそれぞれ国内の手続きも必要ですし、他の国を助けに行くとなれば反対の声もあるので、そんなにすぐにはできないのです。欧米からの武器支援が遅れたことも、ウクライナ軍が苦戦を強いられたひとつの要因です。

このことは日本にも起こるかもしれません。日米同盟があるので、日本に何かあった際にはアメリカが日本を守ってくれることになっています。でも、日本が攻撃されて、即座にアメリカ軍が駆けつけられる保証はどこにもありません。少なくとも、日本としても何かあったときには、アメリカや国際社会が助けてくれるまで自分たちの国は守る、一定期間はしっかりと耐え忍ぶ、それくらいの準備と防衛力は必要なのです。

今、ウクライナ戦争は停戦についての話し合いが行われていますが、もし各国がロシアに対して甘い態度を取ったり、ロシアが得をするような停戦内容にしたりすれば、いわば「やったもん勝ち」です。仮にそのようなことが起これば、他の国は「なんだ、侵略しちゃえばいいのか。力づくで領土を取れるのか」と思いかねません。日本もそうです。もしこのウクライナ戦争に対して日本が甘い態度を取ったら、「日本は侵略に対して甘い態度を取るのか」と思われます。そのような誤解を与えることは、日本にとって非常に危険です。

最後にもうひとつ大事なことがあります。ロシアによるウクライナ侵略は多くの人が予想していませんでした。今から思い返してみると、侵攻直前に10万規模のロシア軍がウクライナ国境に配備されるなど、前触れはたくさんありました。それにもかかわらず、わたしたち外交官も含めて、専門家やメディアの中でも、「まさか本当にそんなことしないでしょ」、「ウクライナに侵攻したら、ロシアはとんでもないことになる。それくらいロシアもわかっているはずだ」、「この21世紀に戦争なんて馬鹿げたことする国なんてないよ」という考えの人が多かったのも事実です。それでも、大方の予想に反して、ロシアは実際にウクライナに侵攻しました。

ここからわたしたちが学ぶべきことは、何事も決して楽観視してはいりない、ということです。わたしたち日本も、いつか本当に攻められるかもしれないという危機感を持つべきなのです。もちろん、日本はアメリカの同盟国だし、そう簡単に攻められる国ではないでしょう。でも、頭の片隅に置いておいて欲しいのは、ウクライナのときも多くの人が「まさかそんなことしないだろう」と思っていた、ということです。みなさんを怖がらせるつもりはまったくありません。でも、油断していると、攻め込まれるスキを与えてしまいます。平和を望む日本人だからこそ、常に危機感は持っておくべき、わたしはそう思います。

COLUMN

ロンドンまでの飛行時間はプラス3時間

ウクライナ戦争の影響は、わたしたちの身近なところでもみられます。そのひとつがヨーロッパへの飛行時間です。日本からヨーロッパに飛ぶのには、今までロシア上空を飛んでいたのですが、ウクライナ戦争によって迂回(うかい)するルートを選ぶエアラインが増えました。戦争が起きているわけですから、飛行機が安全に飛べるかどうかもわからないし、万が一緊急で着陸しなければいけなくなったときに、ロシアが空港を貸してくれるかもわかりません。

今では、ロシア上空を飛ぶ代わりに、北極をぐるっと回っていく「北回りルート」か、中国やトルコなどを回っていく「南回りルート」が多くなりました。このことで、ロンドンまでの飛行時間は、平均して約3時間プラスになっています。飛行時間が長くなるわけですから、その分の燃油費や人件費など余計なコストがかかります。もちろんそれは、飛行機のチケット代に上乗せされることになります。

ウクライナ戦争が起きたことにより、ヨーロッパはより遠くなってしまいました。わたしたちが安全にまたロシア上空を飛べる日は来るのでしょうか。

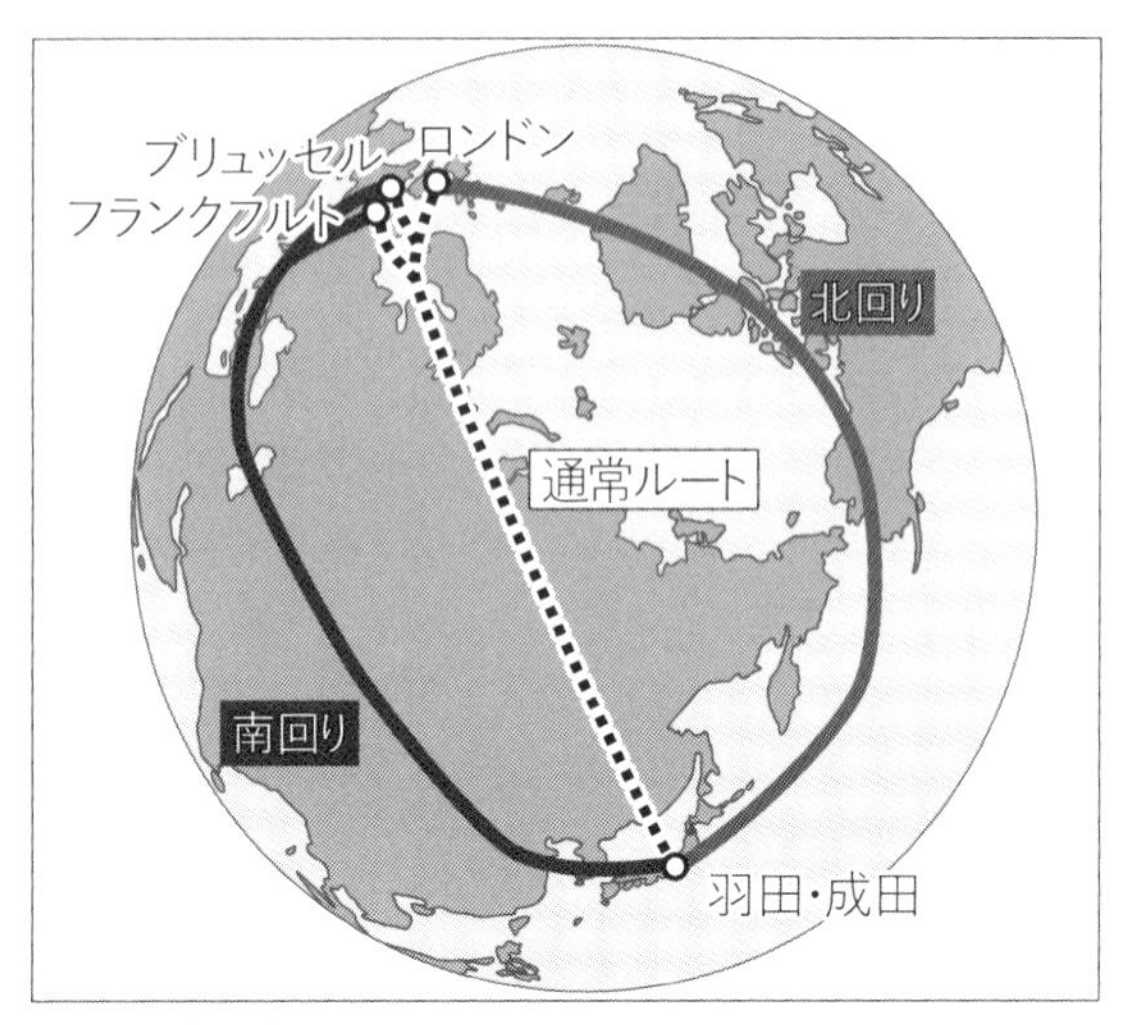

ロシア上空を避ける飛行ルート

—第 12 章—

パレスチナ問題や
シリア問題のそもそも

朝6時半のロケット攻撃

2023年10月7日、土曜の早朝6時半、イスラエルの市民はロケット弾の音で目を覚ましました。パレスチナの武装勢力であるハマスがイスラエルに奇襲攻撃を仕掛けたのです。奇しくもこの日はユダヤ教の祝日でした。完全に不意を突かれた形となったイスラエルでは、民間人も含めた1200人が犠牲となり、250人が人質として連れ去られました。これに対して、イスラエルはすぐに報復。そこからガザは本格的な戦争状態に突入しました。ガザでは4万人以上が犠牲となり、建物の7割が破壊され、その再建には10年以上の年月が必要とも言われています。

1年以上に及ぶ激しい戦闘の末、イスラエルとハマスはいったんは停戦の合意に至りましたが、まだ激しい戦闘が続いています。また、停戦したとしても、パレスチナ問題が終わるわけではありません。この戦争は、イスラエルとパレスチナ双方に大きな傷跡を残し、そして争いの火種は消えていないままなのです。

このような悲惨な戦争を引き起こしたパレスチナ問題とは、そもそも一体どんなものなのでしょう。

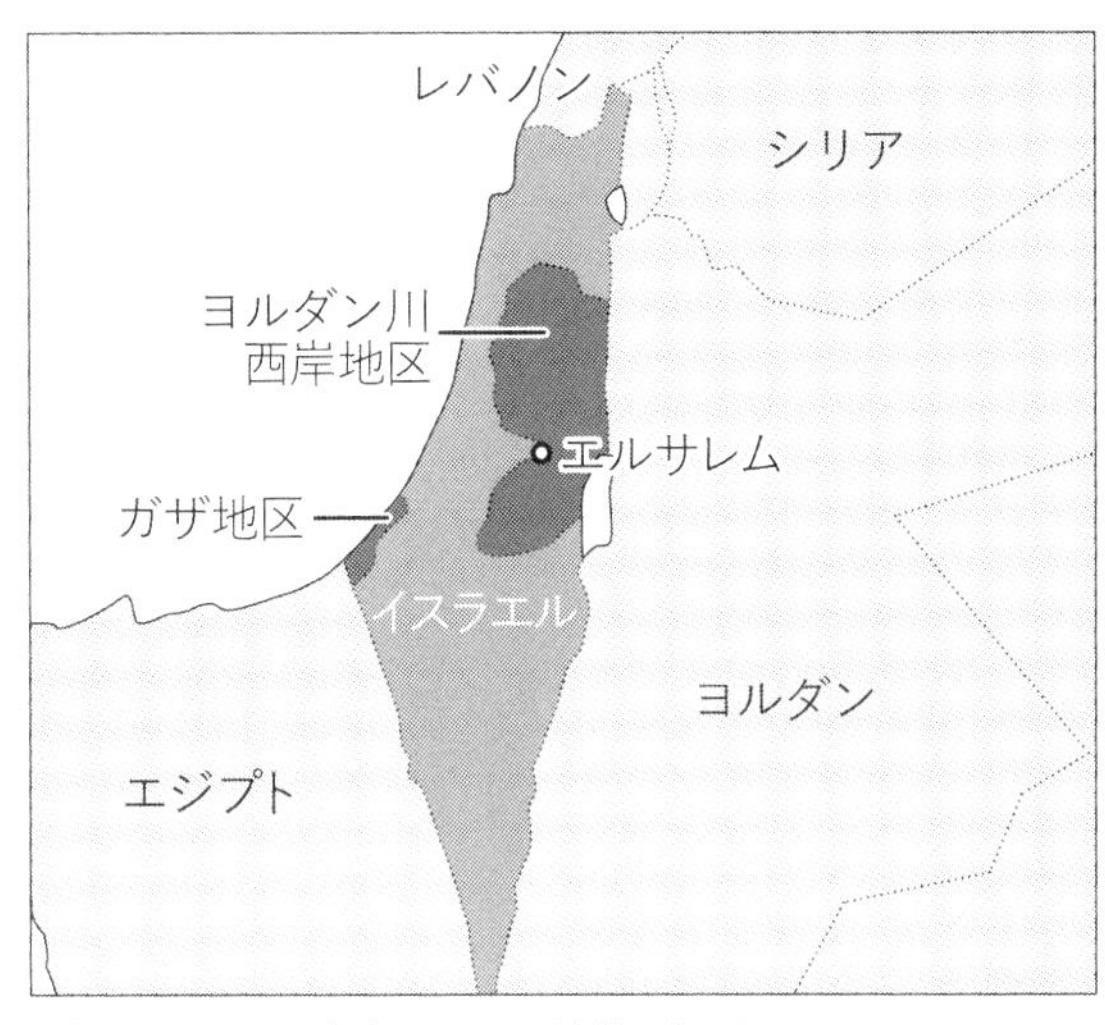

現在のパレスチナ自治区は2つの地域に分かれている

そもそもパレスチナ問題とは何か

「パレスチナ問題」について、よく「イスラム教とユダヤ教の争いだ」なんて言われ方を聞きますが、これは少し違います。**パレスチナ問題とは、宗教の争いではなく、パレスチナという土地に誰が住むのか、という土地をめぐる争いです。**

では、パレスチナという土地はそもそも何なのでしょう。

現在のパレスチナは、①ガザと②ヨルダン川西岸地区という二つの地域に分かれています。このうち、①ガザを支配しているのがハマスで、②ヨルダン川西岸地区を統治しているのがファタハ、という組織です。ハマスのことばかりがニュースになるのですが、ハマスが支配しているのはガザのほうだけです。ガザとヨルダン川西岸地区では、支配している人たちが違うのです。

そもそもこのパレスチナの地がこんなに揉める原因のひとつが、聖地エルサレムです。エルサレムには、キリスト教、ユダヤ教、イスラム教それぞれの聖地が密集しています。イエス・キリストが十字架にかけられた場所である「聖墳墓教会」、紀元前に建てられたユダヤ教の神殿の跡地である「嘆きの壁」、イスラム教の預言者であるムハンマドが神の言葉を授かるために天に登った場所とされる「岩のドーム」、この**三つの宗教の聖地のすべてがエルサレムにあるのです。**

三つの聖地を抱えるエルサレム旧市街地はそんなに大きいものではなく、東京ディズニーランドとディズニーシーを合わせた面積より小さいくらいです。ディズニーランドもディズニーシーも、テーマパークとしては広いですが、その面積の中に三つの宗教の聖地を抱えると思うと、少し手狭でしょう。

このように、パレスチナはエルサレムという聖地を抱えているからこそ、争いのタネになりやすい土地なのです。宗教が絡む問題であるため宗教対立のように見られがちですが、あくまでパレスチナという土地に誰が住むのか、誰が住むべきなのか、という土地をめぐる対立です。

天井のない監獄・ガザ

「天井のない監獄」、これは、パレスチナのガザ地区を指す言葉です。「監獄」といっても、囚人も罪人もいません。種子島くらいの広さの場所に、230万人のパレスチナ人が住んでいます。新潟県の人口が210万くらいですので、種子島くらいの大きさの場所に、新潟県民以上の人が住んでいるということになります。

もっとも、「住んでいる」というより、閉じ込められている、と言ったほうがいいかもしれません。ガザとイスラエルの境界は壁や鉄条網で囲まれ、住民は自由に外に出られません。イスラエル側に行くにはイスラエル政府が出す特別な通行証が必要だし、エジプトは国境を閉鎖しています。西側を見ても海しかありません。『進撃の巨人』というマンガを知っている人はイメージしやすいかもしれませんが、まさに壁に囲まれた街のような感じです。このため、ガザは「天井のない監獄」と呼ばれているのです。

地中海に面するガザでは、一年を通して温暖な気候のもとで、オリーブの樹が背を伸ばし、みずみずしいオレンジが実をつけます。しかし、オリーブやオレンジを輸出するにも、イスラエル政府の許可が必要です。ガザの住民は自由に経済活動ができないため、**ガザでは失業率が50%にまで達しています。**ちなみに日本の失業率は2・6%、大きな問題となっている中国の若者の失業率でも20％程度ですので、ガザの失業率がいかにひどいかがわかります。

　封鎖されているガザでは、常に物資が不足しています。老朽化した家や水道管を修理する部品がなく、街のインフラはどんどん壊れていきます。水道が整備されないため、汚水は地中海に垂れ流しです。そのため、ガザのビーチは汚染されていて、泳ぐことなどままなりません。清潔な水を飲めないため、腸チフスなどの伝染病が蔓延しています。

　電気も満足に得られません。パレスチナは暑く、夏の8月になると日中の気温が35度に迫ります。4月の段階でも44度を記録したこともあるくらい暑さの厳しい環境です。日本ではこれくらいの気温になると、熱中症警戒アラートが出て、「エアコンを適切に使いましょう」と警告されます。でも、ガザでは電気がないからエアコンなんて使えません。暑さをしのぐためにビーチに行っても、泳ぐことなんてできません。汚水が垂れ流しで汚染されているのですから。

　食べるものもありません。ガザ地区の住民のほとんどは貧困状態で、国連の食糧支援に頼って生きています。ガザの住民の半分は子どもです。住民の65％が24歳以下の若者、40％が14歳以下という子どもの多い地域ですが、残念なことに乳幼児のほとんどは栄養失調状態です。

　これは今に始まったことではなく、何十年も続いています。難民として生まれ、自由に外に出ることが叶わない中で、青い空を見上げ、ガザの子どもたちは何を思うのでしょう。

週に1日はスマホに触れないユダヤ教徒

一方のイスラエルとはどんな国なのでしょう。

イスラエルとは、1948年にできたユダヤ人の国です。しかし、国民みんながユダヤ人というわけではありません。イスラエル国民の2割、つまり5人に1人はアラブ人です。イスラエルの人口のうちユダヤ人は7割ほどで、数でいうと720万人くらいです。一方でアメリカにいるユダヤ人の数は750万人ですので、**イスラエルよりもアメリカに多くのユダヤ人がいるということです。** たとえば、Facebookの創始者であるマーク・ザッカーバーグや、映画監督のスティーブン・スピルバーグは、二人ともアメリカ国籍のユダヤ人です。現在のイスラエルのリーダーはネタニヤフ首相という人です。昔アメリカに住んでいたことから英語のうまい人で、日本にも来たことがあります。

ユダヤ人はユダヤ教を信仰します。では、そもそもユダヤ教とはどのようなものなのでしょう。ユダヤ教とキリスト教って何が違うのでしょうか。

ユダヤ教もキリスト教も唯一無二の神を信仰する宗教ですが、キリスト教では、神と人間の間にイエス・キリストという人間が介在します。その一方、ユダヤ教では誰も介さずに神を直接信仰します。また、旧約聖書と新約聖書のうち、キリスト教はこの両方を聖典としているのに対し、ユダヤ教では旧約聖書のみを聖典とします。

ユダヤ教には厳格な規律があり、ユダヤ教徒はその規律を守りながら生活します。規律にはいろいろあって、食べるものや生活様式について細かく定められています。

たとえば、食べ物に関する決まりはとてもユニークです。たとえば、豚肉やウサギ肉、馬肉はダメです。血を食してはいけないので、赤い肉汁が滴（したた）るようなレアステーキもダメです。また、ヒレとウロコのない魚介類もダメで、イカ、タコ、カニ、エビなどの甲殻類、アサリや牡蠣（カキ）などの貝類も食べられません。だから、ユダヤ教徒をお寿司屋さんに連れて行くときには、メニューに気をつけてあげましょう。ただ不思議なことに、お酒はOKで、イスラエル産のワインは日本でも買うことができます。

ユダヤ教徒といっても、その信仰の度合いは人それぞれで、現代の多くのユダヤ人はわたしたちと同じような生活をしていますが、ユダヤ教の教えを厳格に実践している人たちの一例を紹介します。ユダヤ教徒の中でもとても信仰心が深く、宗教を生活の中心にして生きている人たちを「超正統派」と呼びます。このような人たちは、男性は黒づくめの服装でもみあげを伸ばし、女性はスカーフなどで髪の毛を隠しています。理由は、男性はもみあげを切ってはいけない、女性は夫以外に髪の毛を見せてはいけない、という宗教上の決まりがあるからです。

超正統派のユダヤ教徒の多くが、スマホではなくガラケーを持っています。外見はスマホでも、インターネットにつながらず、メールと通話だけに機能を絞っている場合もあります。その理由は、インターネットは信仰に悪影響のある情報が入ってくるものとして、避けなければならないと考えているからです。超正統派の人々は、日々のニュースや情報はインターネットではなく、街に貼ってある壁新聞を頼りにします。とても古典的な方法ですよね。

生活面で特徴的なのは安息日です。金曜の日没から土曜の日没までのあいだは安息日とされていて、いっさいの労働が禁止されます。この安息日というのは、わたしたちのように「土日くらいは休もうか」という感じではなく、「休まなければいけない、働いてはいけない」という決まりごとです。安息日にはいっさいの労働が禁止されるのですが、この「労働」の概念が広いのです。たとえば、車に乗ったり、電気のスイッチを入れたりすることも労働にあたると考えられるため禁止です。もちろんスマホを触ることもできません。

エルサレム・嘆きの壁の前で祈りを捧げる超正統派のユダヤ教徒(写真:Album／Prisma／共同通信イメージズ)

そのため、厳格なユダヤ教徒の家では、金曜の日没までに1日分の食事を作り、自動的に保温される機械に入れます。あたため直すためにコンロのスイッチを入れることができないからです。

わたしも以前、ユダヤ人のお客様をお迎えしたことがあり、その方のホテルに金曜日にたくさんの食事を届けなければいけなかったことが今でも印象に残っています。「なんでこんなに買いだめしなくちゃいけないの。ホテルの外にコンビニもいくらでもあるんだから、おにぎりでも買って食べればいいじゃん」とその時は思ったのですが、そうはいかないのです。なぜなら、金曜日の日没以降は、エレベーターのボタンを押すことができないからです。

COLUMN

ユダヤ人はチーズバーガーを食べない

前にお話ししたように､ユダヤ教には､食べ物に関して色々な決まりがあります。その中でも特徴的なのが、肉と乳製品を一緒に食べてはいけないという決まりです。

これは､ユダヤ教が聖典とする旧約聖書の中に､「子ヤギを、その母の乳で煮てはならない」という記載があるため、肉と乳製品を一緒に調理することや、肉と乳製品が一緒に胃の中にあることはいけないと考えられているからです。

このため、ユダヤ教徒はチーズバーガーを食べません。また、サラミとチーズのピザ、粉チーズのかかったミートソース、肉の入ったシチューなどもダメです。ハンバーグのつなぎにパン粉と牛乳を使用していたらそれもダメですね。

もちろん別々に食べるのはOKです。ただし、お肉を食べた後には、十分な時間をあけないと、乳製品を口にすることはできません。なので、ステーキランチ（レアはダメです、ウェルダンで）を食べた後に、食後のカフェラテをいただく、なんてこともできませんね。

ユダヤ教の厳格な教えに従うと、肉と乳製品を扱う包丁やフォークなども分けますし、お皿を一緒に洗うこともできません。だから、キッチンにはシンクが2つ並んでいて、ひとつは肉用､もうひとつは乳製品用､となっています。日本でも､扱う食材によってまな板や包丁を分ける人はいますが、ユダヤ教では宗教上そうしなければいけないということなのです。

そもそもユダヤ人はなぜ迫害(はくがい)されたのか

ユダヤ人の歴史は、長い迫害の歴史です。この長い迫害の歴史が、今のイスラエルを駆り立てる原動力となっています。

ユダヤ人の迫害と聞くと、ナチス・ドイツの行ったユダヤ人迫害「ホロコースト」を思い浮かべますが、ユダヤ人を迫害したのはなにもドイツだけではありません。ロシアやポーランド、オーストリアなど、ヨーロッパの各地でユダヤ人は2000年近くも迫害されてきたのです。ナチス・ドイツによるホロコーストでは600万人のユダヤ人が殺され、そのうち100万人以上が子どもでした。当時のヨーロッパのユダヤ人の人数を考えると、3人に2人が殺された計算になります。なお、ナチス・ドイツに迫害されたのはユダヤ人だけではありません。同性愛者や体の不自由な人、共産主義者までも「好ましくない人」という理由で殺されました。なんと残酷なことでしょう……。

しかし、そもそもユダヤ人はなぜこんなにも迫害されてきたのでしょうか。

「ユダヤ人はお金持ち」というイメージがある人も多いかと思います。なぜ、そのようなイメージが定着しているかというと、古代からユダヤ人が金融業によって富を築いてきたからです。

当時キリスト教では、他人にお金を貸して利息を取ることはいけないことだと考えられていたため、キリスト教徒は金融業を営むことができませんでした。

一方ユダヤ教では、ユダヤ教徒から利息を取るのは良くないけど、他の宗教の人からは利息を取ってもいいと考えられていました。そこでユダヤ教徒は、キリスト教徒が営むことのできない金融業をほぼ独占し、富を築いてきました。

ヨーロッパでユダヤ人は激しい差別に遭（あ）います。差別の理由は、そもそも異教徒であるとか、ユダヤ人が高い利息でお金を貸してキリスト教徒の富を奪っているとか、ユダヤ人は人種として劣っているなど、ひどいものばかりでした。また、先ほど触れたようなユダヤ教の一風変わった服装や習慣に加え、キリスト教は日曜日が安息日で休みなのに対して、ユダヤ教の安息日は金曜の日没から土曜までなので日曜はお休みではないといった生活スタイルの違いからも、「自分たちとは違う異質な存在」と見られてしまったのです。

ユダヤ人の中にはお金持ちもいましたが、多くのユダヤ人は普通の暮らしを送っていました。ドイツやロシアなどに住む場合はその国の国民に同化しようと努力したり、一般の国民と同じように税金も払っていました。それなのに、ユダヤ人であるというだけの理由で、住む場所を決められ、学校に行けなかったり、職業も自由に選ぶことができず、社会のあらゆる面で差別され、決して楽な暮らしをしていたわけではありません。

ユダヤ人の側から見ると、祖国を追われ、仕方なくヨーロッパにやってきて、その国の人とうまくやっていこうとしても、ユダヤ人というだけで差別され、どこに行っても迫害を受ける。

自分たちのことは誰も守ってくれない、ユダヤ人には行く場所もないという絶望感を持っていました。そしてこの絶望感は、ユダヤ民族の国をどうにかして作らないといけないという決意に変わります。だからこそ、1948年にやっとの思いで建国されたユダヤ人の国家・イスラエルはなんとしてでも守らないといけない、世界になんと言われようと、自分たちの国は自分たちで守るのだ、だって今まで誰もユダヤ人を守ってくれなかったじゃないか、そう思っているのです。このように、ユダヤ人は厳しい迫害の歴史を歩みましたが、迫害されればされるほど、民族として団結していったのです。

ちなみに、ヨーロッパでの迫害で、多くのユダヤ人がアメリカに逃げました。そのうちのひとりが、ノーベル賞を受賞した天才物理学者、アインシュタインです。彼はドイツで生まれたユダヤ人ですが、ナチスを恐れアメリカに逃れました。その後、アメリカで行った彼の研究を元に、原子爆弾が開発され、それが広島と長崎に投下されたのです。もしアインシュタインがドイツに残っていたら、歴史はどうなっていたのでしょう。ヒトラーが原爆を持つことになっていたのでしょうか。もちろん、歴史に「もし」はありませんが……。

イギリスの3枚舌外交とは何か

繰り返しになりますが、パレスチナ問題は、土地をめぐる争いです、では、そもそもなぜこんなにもパレスチナの地をめぐって揉めてしまったのでしょうか。それを理解するためには、100年以上も前、第一次世界大戦頃までさかのぼらなくてはなりません。

当時その一帯を支配していたのは、オスマン帝国という帝国でした。オスマン帝国では、アラブ人もユダヤ人も混ざって、比較的平和に暮らしていました。時は流れ、オスマン帝国は第一次世界大戦に参戦し、イギリスやフランスと戦火を交えます。

オスマン帝国との戦いを有利に進めたいイギリスは、オスマン帝国内に住むアラブ人にこう持ちかけます。

「イギリスのために戦ってくれないか。その代わり、もし勝ったらアラブ人の国家を作るのを助けてあげるよ」（これを「**フセイン・マクマホン協定**」と呼びます）

しかし、その一方で、ユダヤ人にもこんな約束をしてしまいます。

「もしこの戦いに金銭面も含めて協力してくれれば、将来パレスチナの地にユダヤ人の国家を作ることを応援するよ」（これを「**バルフォア宣言**」と呼びます）

これだけではありません。イギリスは、第一次世界大戦に勝ったら、オスマン帝国の領土を、イギリス、フランス、ロシアの3ヵ国で分割することを密かに約束していたのです（これを「**サイクス・ピコ協定**」と呼びます）。自分自身も領土を取ろうとしていたのですね。

この三つの約束は、すべて守ること、両立させることが極めて難しいものです。イギリスは、果たせもしない約束を三つもしていた、ということになります。このことは、イギリスの3枚舌外交と呼ばれ、現在のパレスチナ問題の原因となりました。

パレスチナの地はどのように分けられたのか

オスマン帝国は第一次世界大戦に敗れます。そこで、オスマン帝国のいなくなったパレスチナの地は、当時の国際連盟から委任される形で、イギリスが統治をすることになりました。

イギリスの統治下においても、アラブ人とユダヤ人のそれぞれ「自分の国家を持ちたい」という願いはくすぶり続けます。そもそもそういう約束をしていたのですから、当然ですよね。

しかし時が流れ、ユダヤ人の願いが特に強くなります。そのきっかけが、ナチス・ドイツによるユダヤ人の迫害です。

ドイツなどのヨーロッパでユダヤ人に対する迫害が強くなると、いよいよユダヤ人は、「早く自分たちの国を作らなくては。さもないとユダヤ人は滅亡してしまう。誰もユダヤ人を守ってくれないのだから」という危機感を持ちます。ホロコーストではユダヤ人の3人に2人が殺されていたのですから、その危機感も当然ですよね。そして、ヨーロッパではないどこか違うところに自分たちの国家を持とう、という運動が起きます。この動きのことを「シオニズム」と呼びます。

そもそも当初のシオニズムでは、パレスチナだけでなく、アフリカや南米なども候補として考えられていました。しかし、やはりユダヤ民族の古代からの土地に戻ろう、ということでパレスチナへの移住が盛んになりました。

ただ、もちろんパレスチナの地で移住が歓迎されるわけはありません。パレスチナ人としては、「ユダヤ人の土地だったのは2000年も前の話でしょう。今はパレスチナ人がずっと住んでいる、わたしたちの土地なんだ」、「ユダヤ人がかわいそうな目にあったことは同情するが、なんでわたしたちの土地が取られなくてはいけないの」、「ユダヤ人を迫害したのはヨーロッパの人々なのに、なぜそのツケをわたしたちが払わなくてはいけないの」と思うわけです。

このような対立をめぐり、委任統治していたイギリスも妥協点を見出そうとがんばりますが、なかなかうまくいきません。第二次世界大戦がナチス・ドイツの敗北に終わっても、パレスチナの地の争いは収まることを知りません。イギリスとしても第二次世界大戦で国は疲弊し、パレスチナ問題に取り組む余力はもう残っていません。結局どうにもいかなくなったイギリスは、パレスチナ問題を当時までできたばかりの国際連合に託します。

国連は、パレスチナの地を分割することを決定します。パレスチナの地に、パレスチナ人とイスラエル人の二つの国家を作り、共存させ、聖地エルサレムは国際的な管理下に置くことを決定しました。一見平和そうな解決策に見えなくもないですが、その分割の割合にパレスチナ側は不満を抱きます。

当時のパレスチナ地域に住んでいたパレスチナ人は100万人を超えていたのに対し、ユダヤ人は60万人程度。パレスチナ人の半分くらいしかいませんでした。しかし、国連の決定によってユダヤ人側に与えられた土地は、パレスチナの土地のおよそ56・5％。つまり半分以上がユダヤ人に与えられたのです。この比率は、ユダヤ人にとっては幸運なことでしたが、パレスチナ人には到底受け入れられるものではありませんでした。

なぜこんな分割案になったかというと、当時の国際社会には、イスラエルに対する同情と罪悪感がありました。２０００年以上前から散り散りの状況にあったユダヤ人がホロコーストを経て、やっと自分たちの国家を持てる日が来たのだという同情の声と、ホロコーストを起こしてしまったという罪の意識がヨーロッパを中心にあったのです。

この国連の決定に基づいて、１９４８年にイスラエルの建国が宣言されました。しかし、これをパレスチナ人やアラブ諸国が認めるはずはありません。そのため、イスラエル建国後、イスラエルと周辺のアラブ諸国では戦争が起きました。戦争は４回も起き、それぞれ第一次〜第四次中東戦争、と呼ばれます。

戦争でのイスラエルは破竹の勢いです。第二次世界大戦の終結によって使われなくなったヨーロッパの武器を、持ち前の財力で買い漁(あさ)っていたイスラエル軍はとても強く、どんどんと勝利を収めていき、そのたびにイスラエルの領土を拡大していきます。

COLUMN

ユダヤ人の「六日間戦争」

わたしが子どもの頃、「ぼくらの七日間戦争」という映画が大好きで、夢中になって何度も観ました。子どもながらに、こんなふうに体育館に立てこもって戦ってみたい、なんていう憧れを抱いたものです。

この映画とは何の関係もありませんが、イスラエルとアラブ諸国が戦った3回目の戦争・第三次中東戦争のことを、イスラエルは「六日間戦争」と呼びます。理由は、文字通り、6日間で終わった戦争だからです。六日間戦争は、イスラエル側からの奇襲攻撃により始まり、たったの6日間でイスラエルの圧勝に終わりました。

ユダヤ人にとってこの「6日間」とは特別な意味を持ちます。なぜなら、旧約聖書において、「神は6日間で万物を創造し、7日目には休まれた」との記載があるからです。

六日間戦争で圧勝したイスラエルは、パレスチナの土地の多くを占領します。占領した地域の中には、聖地エルサレムも含まれています。イスラエル人の中には、「神が万物を創造した6日間と同じ日数で、聖地が自分たちのもとに返ってきたのは、やはり神の導きがあったのだ」と考える人も多いのです。

六日間戦争で占領した土地に、イスラエルはどんどんユダヤ人を住まわせていて、これが問題となっています。それが次に出てくる「入植」です。

どんどん奪われるパレスチナ人の土地——入植（にゅうしょく）

イスラエルは持ち前の軍事力で土地を獲得するたび、世界各地に散らばったユダヤ人を呼び寄せ、そこに住まわせてきました。これを「入植」と呼びます。**入植は国際的には認められておらず、違法なものとされていますが、今も続いているのが現状**です。

ユダヤ人を入植させるための家は、イスラエル政府がお金を出して建てます。悲しいのは、そのような建設現場で働いている人の多くはパレスチナ人です。パレスチナ人の土地が奪われることを、パレスチナ人の手でやらなければいけないのです。なぜなら、パレスチナ人には仕事がないからです。生きるために仕方なくやるのです。

イスラエルの入植が本格化したのは１９６７年ですから、もう58年前です。つまり、入植してきたユダヤ人にも子どもが生まれ、２代目、３代目となり、その人たちは生まれた時からそこにいます。そのため、今さら土地を返還せよと言われても、その人たちからしたら生まれ故郷を追われることになるのです。そのような人たちに、「この入植はそもそも違法だったのだから、出ていってね」と言ったところで、「はい、わかりました」となるわけはないですね。

このように、入植は未来に向けて解決の難しい問題を生み続けているのです。

イスラエルとアメリカはなぜ仲がいいのか

イスラエルはアメリカの同盟国で、二つの国はとても仲がいいです。しかし、遠く離れた二つの国がどうしてそんなにも仲がいいのでしょう。

アメリカには750万人ものユダヤ人がいます。アメリカの人口に比べれば必ずしも多くないですが、ユダヤ人にはお金持ちが多いです。その上、ユダヤ人は政治に積極的に参加し、多額の政治献金をします。だから、ユダヤ人寄りの政策をとれば、ユダヤ人から多くの献金がもらえます。その結果として、アメリカの政治家はユダヤ人、ひいてはイスラエルの好むような政策や外交を展開することになります。

現在のトランプ大統領は、とりわけイスラエルに近い大統領として有名です。

トランプ大統領の娘、イバンカ・トランプの夫、ジャレッド・クシュナーは、不動産業で財を成した実業家で、アメリカ国籍のユダヤ人です。イバンカはもともとキリスト教徒でしたが、ジャレッドと結婚する前にユダヤ教に改宗しています。

クシュナー家はイスラエルのネタニヤフ首相と深い関係にあります。ネタニヤフ首相は若い頃アメリカに住んでおり、その際にジャレッドの父・チャールズ・クシュナーと仲良くなります。ネタニヤフはクシュナー家をたまに訪れ、ジャレッド少年は自分のベッドをネタニヤフに

クシュナー氏（左）とネタニヤフ首相（右）（画像：Getty Images）

貸してあげたことまであります。そのため、ジャレッドにとってネタニヤフ首相は、たまに父親を訪ねに家に来るおじさん、といった具合です。**つまり、トランプ大統領は、イスラエルの首相と家族ぐるみの関係なのです。**２期目に就任して最初に会った外国の首脳もイスラエルのネタニヤフ首相であることからも、いかにトランプ大統領とネタニヤフ首相が近い関係かがわかります。

イランとアメリカはなぜ仲が悪いのか

パレスチナ問題を含め中東問題で「最悪のシナリオ」として語られるのは、イランが登場し、イランとアメリカが全面的に衝突してしまうことです。

イランはとても大きい国です。国の面積は日本の４倍以上、人口も９０００万人近くいて、中東ではエジプトに続き２番目に人口の多い国です。石油もたくさん埋まっていて、イランの石油埋蔵量は、サウジアラビアやベネズエラと同様、世界有数となっています。イランは、日本とは昔からとても良い関係を築いていますが、その一方でアメリカやイスラエルとは仲が悪いです。特にイランとイスラエルは、お互いの国の存在自体を否定し合うような、いわば宿敵です。

では、なぜイランとアメリカは仲が悪いのでしょうか。

イランには、少し前まで王様がいて、この王様はアメリカと非常に仲が良かったのです。しかしこの王様は独裁者でした。自分に反対する人々を捕まえて処刑したり、石油によって得られた利益を一部の人だけで独占したりしたため、イラン国民の不満は高まっていました。

そこで起きたのが1979年のイラン革命です。この革命により、イランの国民は、「今までのようにアメリカの操り人形のような国でいるのはやめよう。わたしたちはイスラム教徒なんだから、もっとイスラム教に忠実な国づくりをしよう」と、国をイチから新たに作ることになりました。

そのような中、イランの首都テヘランにあるアメリカ大使館が、イラン人の暴徒らによって占拠され、中にいた大使館員らが人質となります。占拠された大使館の様子は連日のように世界中で報道され、この事件をきっかけにイランとアメリカとの関係は決定的に悪くなります。

結局人質らは1年以上大使館内に捕らえられ、444日後にやっと解放されました。また、イランが秘密裏に核開発を行っているという疑惑もあり、それがアメリカとの関係をさらに悪化させます。ついにアメリカは、イラン、イラク、北朝鮮を名指しして、「悪の枢軸(すうじく)」とまで呼び、両国の関係は最悪なものとなります。

アメリカはイランに経済制裁を課しています。その主な内容は、イラン産石油の輸入禁止です。イランは世界有数の石油埋蔵量を誇る国ですから、石油を輸出できないとなると自国の経済には大きな打撃です。また、経済制裁によってイランではモノの輸入自体が減ってしまい、国内はモノ不足に陥っています。モノが少なくなるとお店で売っている商品の値段が上がってしまいます。俗にいうインフレです。とりわけイランは、小麦や家畜が食べる飼料を外国から輸入しているので、パンや肉、卵など日常生活に欠かせないものまで値上がりし、人々の生活が苦しくなっています。

このようにイランとは、そもそもアメリカと仲の良かった王様を倒して作った国ですから、イランの指導者やその周辺には反アメリカ的な考え方が根強く残っています。その上、経済制裁で人々の生活が苦しくなり、アメリカとイランの対立はますます深くなっていきました。

このように、そもそも仲の悪いイランとアメリカですから、もしこの二つの国が争うことになってしまったら、それは最悪の事態です。

「どっちも正しくて、どっちも間違っている」

ここまでの話を見ていると、なんだかユダヤ人ってパレスチナを迫害している悪い人たちだな、と思うかもしれません。でも必ずしもそうではありません。多くのユダヤ人は争いなど望んでいない、真面目で、勤勉で、平和を愛する民族です。

そもそもユダヤ教の教えでは、神を信じて、規律をしっかり守って生きていれば、いつか神が、約束の地にユダヤ人の国を与えてくれることになっています。だから、人の土地を奪って自分の国を建てるなんて神の教えに反している、そう考えるユダヤ人も多いのです。

さらに悲しいことに、実はパレスチナも同じです。ハマスは2006年の選挙で選ばれ、ガザの支配を始めました。いちおう始まりは民主的な選挙によって選ばれてはいるのですが、この選挙が行われたのはもう19年も前のことです。そもそも、ガザの住民の多くは若者ですから、ほとんどの人は19年前の選挙に参加していません。そのような人たちからすると、生まれた時から当たり前のようにハマスに支配され、異議を唱える機会すらなかったのです。

そうだとすると、この戦争は誰が望んだのでしょうか。子どもが傷つき、家族を失ったこの戦争は、イスラエルとパレスチナの人々が望んだものなのでしょうか。何より悲しいのは、犠牲になるのはいつも、罪のない一般市民であるということです。

イスラエルにはイスラエルの言い分があり、パレスチナにはパレスチナの言い分があります。ただ、もう白黒はつけられないのだと思います。あるユダヤ系アメリカ人活動家はこう言います。「どちらも正しく、どちらも間違っている」。

「カギ」を握りしめるパレスチナ人

「カギ」を握りしめる、と書くと、なんだか問題解決の鍵を握っているように聞こえるかもしれません。しかし、ここでの意味は、そのような比喩(ひゆ)表現ではなく、文字どおり「家の鍵を持っている」という意味です。

入植によって住む場所を追われたパレスチナ人は、荷物をまとめる十分な時間もなく、着の身着のまま家を出て行きました。でも、その時に、自分の家に鍵をかけ、その鍵を大事に握りしめて行きます。行き先は難民キャンプです。

家を離れ、気づけば何十年も難民キャンプにいます。かつて住んでいた家は取り壊されて、せっかく大事に持ってきた鍵も、もう使えないかもしれません。でも、パレスチナ難民は、その鍵をずっと大事に持ち続け、自分に何かあった時には子孫に受け継いでいるのです。そこに自分の家があった証(あかし)として、いつか自分の「家」に帰るために。

ガザの人口230万人のおよそ半分は子どもです。その子どもたちは、封鎖されているガザしか知りません。空爆に怯（おび）えながら明かした夜もあることでしょう。親が殺されている子もたくさんいます。その子たちは、この戦争が終わったからといって、納得がいくのでしょうか。家族を殺されたこと、電気もない真っ暗な夜に命の恐怖に怯えたこと、食べ物がなくてお腹をすかせたこと、きれいな水を飲めなかったこと。これらは忘れられるはずもありません。

もちろん、それはイスラエル側も同じです。テロによって家族を失った人もたくさんいるし、テロが怖くてバスにも乗れないという人も大勢います。その人たちがパレスチナのことを許すのは簡単なことではないでしょう。

このように、パレスチナで起こっていることは、憎しみの連鎖を生み続けています。**武器は捨てることができるけど、相手を憎いと思う心を捨てることは簡単ではありません。**たとえ停戦したとしても、人々の心に憎しみが消えなければ、この戦争の本当の終わりはもっと先なのかもしれません。

イスラエルの未来と和平

圧倒的な軍事力と、そしてアメリカの後ろ盾。それだけ見ると、イスラエルが圧倒的に強く見えます。たしかにそれはその通りなのですが、イスラエルとて国内の問題を抱えていないわけではありません。

周りの国と問題を抱えながら国を守っていくには、強い軍隊が必要です。そのためイスラエルでは、女性も含めて兵役があり、男性は3年、女性は2年の兵役につきます。しかも、イスラエルの人口の2割を占めるアラブ人には兵役が課せられていないので、残りの8割で国を守らなくてはいけません。

ユダヤ教徒の中でもとても信仰心が深い「超正統派」は、人口の10％ほどを占めます。この人たちは宗教を勉強することが仕事なので、定職にはつかず国からの補助で生活し、兵役も免除されます。彼らに特徴的なのは子だくさんであることです。旧約聖書にある「産めよ　増えよ　地に満ちよ」という言葉から、子どもはたくさんいたほうがいいという考え方なので、ひと家族に子どもが6〜7人いるのも珍しくありません。そのため、超正統派の人はどんどんその数を増やしていて、２０５０年にはイスラエルの人口の25％、つまり4人に1人にまで達するといわれています。

もし超正統派の人がそこまで増えた場合、仕事もせず兵役にも行かない25％の人を、それ以外の75％の人で支える構図は可能なのでしょうか。いくらユダヤ人にお金があるとはいえ、そこまで多くの人を支えていけるのでしょうか。また、超正統派を支える残り75％の人は、「不公平だ」と感じないのでしょうか。

争いが続けば軍事費もどんどんかさんでいきます。イスラエル自身の未来のためにも、パレスチナ問題を二国間で解決し、平和に暮らしていくことが必要なのではないでしょうか。

そもそもシリア問題とは何なのか

中東が抱えるもうひとつの火種、それがシリアです。

シリアでは50年以上もアサドという独裁者が親子2代にわたって政権を握っていました。そもそもなぜアサド親子が独裁政治を行ってきたかというと、**アサド政権は少数派が多数派を支配する構造だったからです。**アサド親子は「アラウィー派」というイスラム教の少数派の出身です。アラウィー派とは、イスラム教シーア派の一派であるものの、土着の信仰と結びつき、本来のイスラム教とはかなり毛色の違う宗派です。イスラム教では禁止されている飲酒も認められていますし、断食（ラマダン）や巡礼もしません。女性が黒い布で肌や髪の毛を隠す必要もありませんし、本来キリスト教の行事であるクリスマスまで祝います。

シリア国民のほとんど（74％）はスンニ派である一方で、アラウィー派は10％程度しかいません。つまり、アサド親子の政権は、少数派による多数派の支配だったのです。そもそも少数派が多数派をコントロールするのはとても大変ですので、シリアでもアラウィー派がスンニ派を支配するのは容易なことではありませんでした。

それに加えて、２０１１年にアラブの春が起こります。「アラブの春」とは、チュニジアに端を発した民主化運動です。これにより、チュニジア、エジプト、リビアなどの中東の国々から独裁者が追放され、民主化が実現しました。アラブの春の波はシリアにも及び、シリアでも反政府運動が活発化します。しかしアサド大統領はこれを徹底的に弾圧し、ここからシリアは本格的な内戦状態に突入しました。

しかしそんなアサド政権にも終わりが訪れます。その終わりはなんともあっけなく、50年以上続いた独裁政権は、たった11日間で反体制派に破られました。

シリアに「春」は来るのか

２０２４年末にアサド政権が倒れてから、シリアにはとりあえずの政府という意味の、暫定政府ができました。この暫定政府が中心となって新たな国づくりが進んでいます。このまま平和な国づくりが進むといいのですが、なかなかそう簡単にいかないのが現状です。

新しい国づくりが進むシリアでは、しばしば武力衝突が発生し、多くの死者が出ています。少数派であるアラウィー派が標的になった可能性もあり、不安定な治安状況が続いています。アラウィー派はアサド大統領が所属していたものですから、今までのアサド政権への反発がこのような武力衝突を招いている可能性も否定できません。

また、**シリアのこれからを握る重要なピースのひとつがクルド人です。**

クルド人とは、自分たちの国を持たない世界最大の民族と呼ばれています。クルド人はいろんな国にまたがって生活していて、それは日本も例外ではありません。わたしの生まれた埼玉県川口市にはクルド人がたくさん住んでいます。世界に散らばるクルド人の総数は３０００万人ととても多く、これはオーストラリアの人口を上回ります。またクルド人が暮らしている地域を合計すると日本の面積の１・5倍ほどになります。つまりクルド人だけでも世界の国ひとつをゆうに構成できるだけの規模があるということです。

シリアの国土の3分の1はクルド人の支配する地域です。そんなに多くの地域を支配しているのだから、新しいシリアにとってもクルド人の声はとても重要です。さらに、クルド人が支配する地域には、かつての「イスラム国」の戦闘員の収容所があります。つまり、かつての「イスラム国」を抑えてくれているのはクルド人なので、クルド人の力が弱まれば「イスラム国」が再び息を吹き返すことになりかねません。

このように、50年以上も続く独裁政権は倒れたけれども、すぐにシリアに平和が訪れるかというと、そう簡単にもいかない問題がまだくすぶっています。それに加え、内戦のせいで国外に逃れたシリア人は５００万人以上います。その人たちが帰る家はあるのでしょうか。新しいシリアに平和が訪れるには、まだまだ長い道のりがありそうです。

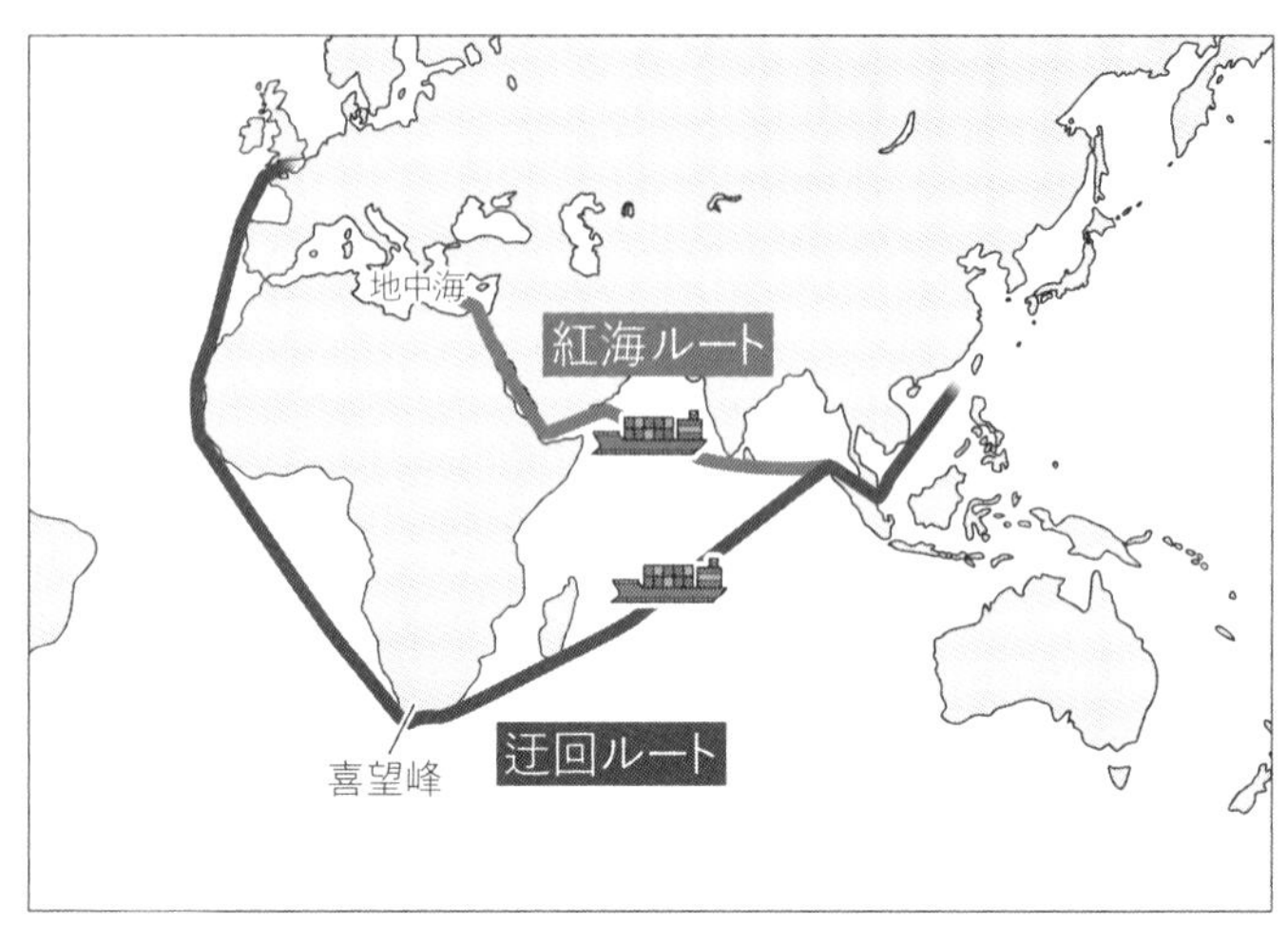

喜望峰ルートは紅海ルートに比べ10日多くかかる

中東問題はわたしたちにどのように関係するのか

これまでパレスチナやシリアの問題を見てきましたが、そもそもこのような中東の話が日本にどう影響するのでしょうか。もちろん、罪のない人がたくさん被害に遭うことだけでも胸の痛む話ですが、単に遠い地で起こっているかわいそうなこと、だけでは済まないのです。

まず、中東の争いがもしも大きな戦争に発展してしまったら、石油が今まで通り安定して輸入できなくなります。**日本は石油の90％以上を中東に依存しているので、仮に中東から石油が入ってこなくなったら、わたしたちの生活は大混乱です。**今から50年以上前、第四次中東戦争の際には、トイレットペーパーを求める市民が商店に殺到するという騒動が起こりました。わたしたちの周りは石油を使ったモノであふれているため、石油の輸入が不安定になったらどうなるか、考えただけで不安になりますね。

それだけではありません。ヨーロッパ方面から日本に運ばれてくるモノのほとんどはスエズ運河を通過しアラビア半島を抜ける「紅海ルート」を通って日本に運ばれてきます。仮に紅海が安全に通航できない場合には、南アフリカの最南端にある喜望峰をぐるっと回る「喜望峰ルート」で運んでくるしかありません。実際に紅海では、フーシ派という武装組織が船を襲う事件も起きています。そのため、喜望峰ルートを選ぶ船が多くなっています。しかしこの**喜望峰ルートは、紅海ルートに比べて10日多くかかります。**そうすると、その分の燃料費、人件費、保険料まで上がります。このような余分なコストは、結果的に商品価格に上乗せされます。つまり、**上がってしまった輸送費のコストを支払うのは、他でもないわたしたち消費者なのです。**

このように、中東地域が不安定になることは、遠い地で起こっているかわいそうな出来事にとどまらず、わたしたちのお財布や生活にも直接的に響いてきます。だからこそ、中東の人々のためだけでなく日本人のためにも、中東が安定することはとても大事なことなのです。

第13章

「モテ期」インドの光と影

「モテ期」に入ったインド

２０２４年、日本のＧＤＰはドイツに抜かれ世界第４位になりました。しかし後ろを振り返れば、５位のインドがすぐそこまで迫ってきています。そして、ついに２０２５年にはインドが日本を抜いて世界第４位になると予想されています。

インドは近年、めざましい経済発展を遂げています。アジアの国の平均経済成長率は４％程度ですが、インドの経済成長率は７％と群を抜いて高くなっています。

インドは自らのことを「世界最大の民主主義国家」と呼んでいます。インドでは、お金持ちも貧しい人も、高いカーストの人も低いカーストの人も、18歳以上のインド国民は同じ一票を持ちます。およそ10億人の有権者のために設置される投票所は１００万箇所に及び、有権者がたった１人しかいない村にも投票所が設置されます。有権者数が１億ちょっとの日本と比べても、その10倍もの人たちに投票の機会を平等に与えることは、とんでもない仕事量です。しかし、インドはそれをやってきているため、世界最大の民主主義国家であることを国の誇りとしています。

そんなインドは今、世界から注目を浴びています。アメリカや日本などの先進国だけでなく、「グローバル・サウス」といわれる発展途上国のリーダーとしても、世界中から尊敬を集めています。そんなインドの姿はさながら「モテ期」に入っているかのようです。

このように世界から注目を浴び、日本にとってもますます重要となっている国、インド。この国には、若く力強い光が輝く一方で、同時に難しい課題が影を落とすこともあります。インドが近年存在感を増してきている理由とあわせてみていきましょう。

15もの言語が書かれるルピー札

インドとはどのような国なのでしょう。

何よりもまず、インドは大きな国です。面積は日本の8・7倍、世界第7位の面積を誇り、人口は中国を抜き世界第1位となりました。その数14億3千万人ほど。世界の人口はおよそ82億人ですので、世界の5・7人に1人はインド人ということになります。

インドという国を知るひとつの方法として、インドの通貨・ルピー札を見てみましょう。インドのお札の肖像画はすべて、非暴力・不服従を訴えた建国の父、マハトマ・ガンジーです。そしてお札を裏返してみると、たくさんの言語が書かれています。たとえば500ルピー札（日本円でおよそ860円）の裏には、15もの言語が書かれています。

インドにはたくさんの民族がいて、それぞれ違う言語で話します。国としての公用語はヒンディー語ですが、このほか21もの言語が公認されています。

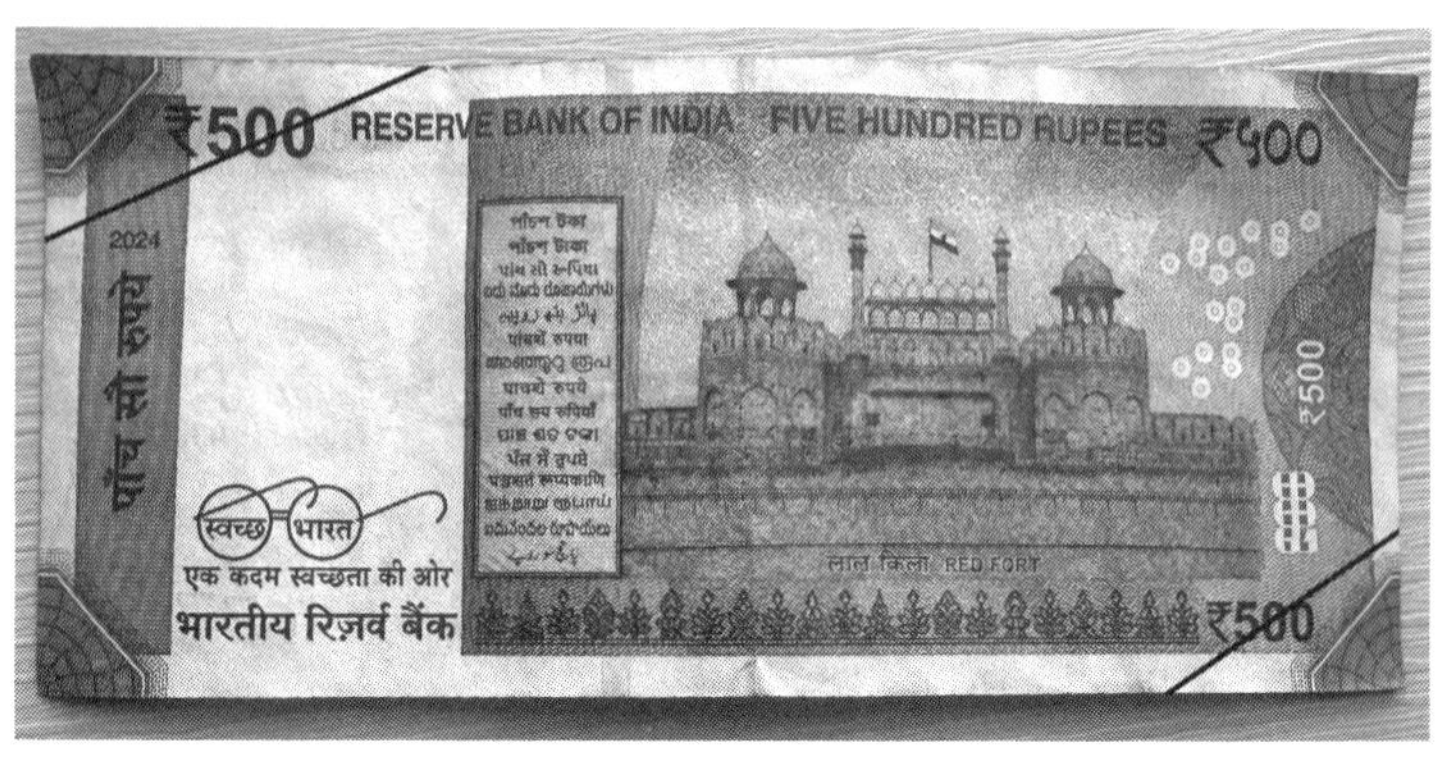

15もの言語が書かれた500ルピー札（撮影：筆者）

1947年にイギリスから独立し、1990年代に経済を自由化して以来、インドは着実に経済発展してきました。インドは英語が通じる上に、アメリカとの時差が12時間で、アメリカ時間の夕方に発注をすれば翌日の朝には仕事ができていることから、アメリカの企業からも好まれました。アメリカとの時差もインドの経済発展を助けたというわけです。

インドの宗教はどうでしょう。インド国民の約8割がヒンドゥー教徒で、今の首相であるモディ首相もそのひとりです。多数派を占めるヒンドゥー教徒の一方で、国民の14%がイスラム教徒です。14%というと数字の上では少数派ですが、なにせインドは人口の多い国です。14億人の人口のうち14%というと、その数は2億人近くになります。この数は、世界最大のイスラム教国家・インドネシアのイスラム教徒の数（約2億4千万人）と同規模ですので、インドにもたくさんのイスラム教徒がいるということがわかります。このように、ヒンドゥー教徒とイスラム教徒が共存していることから、宗教の違いによる問題も、今のインドでは生じています。

〝盗まれた〟世界最古のダイヤモンドは「支配の象徴」か

「ロンドンで食べるカレーは美味(おい)しい」

ロンドンに住んだことがある人の多くがこう言います。イギリスでカレー!? と思うかもしれませんが、歴史を紐解けば納得できます。

インドの近現代史は、イギリスを抜きにしては語れません。イギリスは長い間インドを植民地としていました。「産業革命後のイギリスが、インドで採れた綿花を使って綿織物を作っていた」とか、「イギリスとインドそして清(しん)の3ヵ国の間で、綿織物とお茶とアヘンの三角貿易をしていて、それがアヘン戦争の発端となった」などの話は世界史で勉強された方もいると思います。

このような歴史的背景から、インドはイギリスと深い関係を持ちます。植民地時代にインドからカレーが伝わり、イギリスで独自の発展を遂げたことがロンドンのカレーが美味しい所以(ゆえん)ですし、インド人の多くが英語を話すというのもこのためです。2024年7月までイギリスの首相を務めたスナク首相は、イギリス史上初めてのインド系首相でした。

エリザベス女王の棺の上に置かれた大英帝国王冠(写真:朝日新聞)

一方でインドがイギリスに抱く感情は複雑です。インドの中には、長い植民地支配によりインドの富がイギリスに奪われた、と訴える声もあるのです。

その象徴ともいうべきものが、世界最古のダイヤモンド、「コ・イ・ヌール」。これはインドの王朝に古くから伝わるものですが、現在はイギリス王室にあります。インドには、コ・イ・ヌールはイギリスに盗まれたとして、返還を求める声があります。しかしイギリスは、これはムガル帝国から贈られたものであるとして返還していません。このような背景から、コ・イ・ヌールダイヤモンドは「支配の象徴」と呼ばれています。

このように、インドとイギリスは深いつながりを持つ分、複雑な感情も生まれるのです。

紅茶売りから首相になったモディ

世界中から注目を浴びるインドは、カリスマ的なリーダーに支えられています。それが、2014年から首相の座につく、ナレンドラ・モディ首相です。

貧しい紅茶売りの家庭に生まれたモディは、幼少期は父親を手伝い、ミルクで割った甘いチャイを街中で売り、家計を助けていたそうです。その後、自分の出身であるグジャラート州の州首相を経て、現在の首相の座についた、というシンデレラストーリーのような経歴を持つ人物です。

インドの経済は、内需に支えられています。中国とインドの発展を比べることがありますが、この二つの国は少し事情が違います。中国は、「世界の工場」として知られているように、外国企業の進出で経済が発展した一方で、インドは国民がモノを買う消費の力、いわゆる内需(ないじゅ)が経済を後押しししています。

この二つで何が違うかというと、インドのほうが外国の情勢に影響されにくいということです。中国のように外国の企業が進出してきたことによって栄える場合、外国の経済が悪くなると、それが中国にも影響します。近年でいうと、リーマンショックや新型コロナウィルスはいい例です。しかし、インドのように自分の国の中での消費、いわゆる内需が強い場合には、外国の動向に影響されにくく、着実な経済成長を続けることが期待できます。またインドの人口は若く、この高い経済成長は２０４０年頃まで続くといわれています。

モディ首相の人気は、堅調な経済発展によっても支えられています。

COLUMN

インド人は毎日「カレー」を食べるのか？

「インド人って毎日カレー食べるの？」と冗談まじりに聞く人がいますが、答えは「イエス」です。インド人は毎日、カレーを食べます。

しかし、「カレー」といっても日本人が想像するカレーライスとは違います。わたしたちが普段食べるような、玉ねぎとにんじんとジャガイモをカレールーで煮込んだものをごはんにかけていただく、いわゆる「カレーライス」ではありません。インドでは、スパイスを使って仕上げたおかず全般のことを「カレー」と呼びます。なので、インドでは毎日カレーを食べているというのは本当だけれども、わたしたちが想像するようなカレーライスを毎日食べているわけではないということです。

もっとも近年、日本式のカレーライスもインドで人気が出てきているそうです。日本でも人気のカレーのチェーン店、「ココイチ」の呼び名で有名な「カレーハウスCoCo壱番屋」がインドに出店し、地元の人も通う人気店になっています。インドでは宗教上の理由で、豚肉や牛肉を食べない人が多いため、ひよこ豆などの豆や野菜が多く使われたカレーが人気だそうです。

インドに行ったらぜひスパイス香る本場の「カレー」を試してみてはいかがでしょうか。モディ首相が幼少期に売っていたという「チャイ」も一緒に。

1%の人間が1／3の富を独占

経済発展著しいインドの影には、たくさんの貧しい人の存在があります。国はどんどん豊かになっているのですが、貧富の差はいっこうに埋まりません。**インドでは、1%の人間が国の全体の富の33%を独占しています。**10%まで広げてみると、67%の富を独占しています。たった1割の国民が、3分の2の富を持っているのです。資産10億ドル（1500億円）以上を有する億万長者は200人いて、どんどんその数を増やしています。インドのお金持ちトップ10人の資産の合計は約145兆円。たった10人で日本の国家予算113兆円をゆうに超えます。その一方で、貧困ラインといわれる1日2・15ドル（約323円）以下で生活する人が約1億2千9百万人、日本の人口よりも多くいます。

もっとも富の独占は何もインドに限ったことではありません。上位1%の人が国全体の富のどれくらいを保有しているかという割合は、アメリカでは35%、中国では30%で、インドと同じくらいの数字を示しています。ちなみに日本は25%です。

また、インドには財閥（ざいばつ）文化が根強く残っています。特に有名なのは、タタ、リライアンス、アダニという三つの財閥です。タタというのは、2009年におよそ20万円の〝世界最安〟自動車を発表した自動車のタタ・モーターズでも有名です。タタ・モーターズは電気自動車（E

V）の販売に力を入れていて、インドのEVでトップシェアを誇っています。ちなみにEVではない乗用車のシェアでトップを走るのは、日本のスズキです。日本メーカーにもこのまま頑張ってほしいですね。

インドも中国と同じで、相続税がありません。相続税とは、富の再分配の典型のような税金ですので、それがないと富の再分配が進みません。インドの富裕層は、親の財産を無税で受け継ぎ、さらに富を増やしていくということになるのです。

インド社会におけるカースト制度

インドの社会を語るうえで避けて通れないのは、カースト制度です。みなさん一度は耳にしたことがあると思いますが、「カースト」とは、インドに古くからある社会階層のことです。カースト制度の中には、四つの身分があり、バラモン（司祭）、クシャトリア（王族、軍人）、ヴァイシャ（平民）、シュードラ（上位三つの階層に仕える隷属民（れいぞくみん））といわれるカテゴリーがあります。インド憲法はカーストによる差別を禁じていますが、社会の中にはカーストの概念が残っています。

カーストは親から子に受け継がれるため、生まれた時からカーストは決まっています。昔はカーストによってつける職業が決まっていたり、結婚も同じカースト内でしかしてはいけないと考えられていました。そのため、違うカーストの職業に就くことや、異なるカースト間の結婚がとても難しい時代がありました。異なるカースト間の結婚は、一族への侮辱とみなされ、子どもを両親が殺してしまう事件まであり、そのような殺人はしばしば「名誉殺人」と呼ばれました。また、カーストは食事面でも問題となり、自分よりも低いカーストの人が作った食事を食べることや、出されたお茶やお水でさえも飲まないこともあります。そのため、どの階層の人でも食べられるように、インドの料理人には最上位層のバラモン出身者が多くいます。

しかし、差別をなくそうというインド政府の取り組みもあり、こうした差別的な対応は昔の話になりつつあります。現在のインド社会には、欧米の文化も広く浸透し、自由に職業を選ぶことができますし、結婚も自由にできるようになりました。

差別というのは、いったん人の心に根付いてしまうと、取り除くのが非常に難しいものです。しかし、インドはこの問題に一生懸命取り組んだのです。これからのインド社会はどうなっていくのでしょう。

誰とも組まないインドの外交

インドの外交姿勢についても少しみてみましょう。

インドは外交理念として、「非同盟主義」を挙げています。これは、どこの国とも組まないという意味で、「全方位外交」とも呼ばれます。日本はアメリカと同盟を結んでいて、日米同盟を軸に外交を展開するというスタンスですが、インドにはそのような軸となる同盟国はありません。どこの国とも組まず、その都度インドにとって何が一番いいのか考えながら外交していく、という手法です。「ご都合主義」とか「したたか」などと表現されることもありますが、目まぐるしく変わる世界情勢の中で、自国の利益を最大限に追求していくという、インドなりの外交手法です。

同盟こそ結んでいませんが、たとえばロシアとは伝統的に近い関係にあります。その理由のひとつが武器の輸入です。インドはロシアからたくさんの武器を輸入していて、武器の調達に関してロシアを頼りにしています。

また、インドは、3500㎞にわたり国境を接する中国と国境紛争を抱え、軍事衝突も起きています。日本の北の端から南の端までの距離が約3300㎞ですので、インドがいかに長い距離を中国から防衛しなくてはいけないかがわかります。インドとしては、そんな大きな問題を中国との間で抱えている中で、ロシアまで敵にまわってしまったら大変と考えているのでしょう。

さらに、ロシアがウクライナに侵攻してからというもの、インドはロシアから安い原油をたくさん買っています。ウクライナ侵攻をきっかけに、日本や欧米諸国がロシアに対して制裁をかけたので、ロシアの原油の値段は下がりました。しかし、インドは欧米がしているこの対ロシア制裁に参加していません。そこで、ロシアへの制裁に加わっていないインドは、価格の下がったロシア産の原油を多く輸入しているのです。これはまさに、欧米諸国とも組まずというインドの全方位外交が、インドに利益をもたらしているいい例といえます。

これだけ聞くと「いいな、日本もインドのようになれないのかな」と思う人もいるかもしれません。しかし、こうした方法はとてもコストがかかります。どことも同盟を組まないということは、誰も助けてくれないということなので、自分のことは絶対に自分で守らなければいけません。インドのように中国と長い国境線を共有し、隣国のパキスタンとの間で問題を抱えるような国が、自分だけで自分のことを守るのは大変なことです。実際インドの軍事費は、アメリカ、中国、ロシアに続いて世界第4位で、その額は日本の2倍近くの規模です。このように、孤高の戦士でいるのには、それなりのコストがかかるのです。

では、その軍事費がかさむひとつの原因となっている隣国パキスタンとの関係とはどのようなものなのでしょう。

インドとパキスタンの関係はどのようなものか

インドを語るときに忘れてはならないのが隣国のパキスタンです。インドとパキスタンはもともとひとつの帝国で、イギリスの植民地でした。インドがイギリスから独立したのは

1947年8月15日ですが、実はその1日前、8月14日に、パキスタンが独立しています。まるで競うように独立していることからも、両国のライバル関係がうかがえます。

インドとパキスタンは長年対立関係にあります。その大きな理由の一つが、カシミール地方の帰属問題です。イギリスの植民地であったインド帝国には、およそ600の藩王国があり、それぞれに藩王という人がいました。独立にあたり、それぞれの藩王国は、インドかパキスタンのどちらに属するのかという判断を求められました。インドとパキスタンに挟まれたカシミール地方は、住民の大多数（約3／4）はイスラム教徒だったのですが、藩王がヒンドゥー教徒だったため、独立の際にインドへの帰属を決めました。

これに黙っていなかったのがカシミール地方に住むイスラム教徒です。インドへ帰属することに対して、イスラム教徒の住民が反対し、それはインドとパキスタンの戦争にまで発展しました。その後、インドとパキスタンは3度にわたり戦火を交えたのですが、カシミール問題は未だ解決していません。

このような背景から、カシミール地方では、インドからの分離独立を目指す武装勢力によるテロも起き、住民が被害にあう事件も起きています。このように、インドとパキスタンに挟まれるカシミール問題は、長年解決していない問題のひとつです。

核兵器の保有を宣言するインド

インドは核兵器を持っていると宣言しています。

おさらいですが、核兵器の保有は、各国が好きに決めていいものではありません。「核兵器不拡散条約（ＮＰＴ）」という条約の中で、アメリカ、イギリス、フランス、ロシア、中国という5ヵ国のみが核兵器を持つことを認められ、それ以外の国は持ってはいけませんよ、ということになっています。これを条約の頭文字をとってＮＰＴ体制といいます。

この条約には世界１９１の国・地域が参加していますが、インドは参加していません。つまり、インドはこの条約に入らずに核兵器の保有を宣言しています。また、インドと対立するパキスタンもこの条約には入っておらず、インドの後を追うように、パキスタンも核兵器の保有を宣言しました。

日本は唯一の戦争被爆国として、「核のない世界」を目指しています。しかし、核兵器を世界中から無くすためには、ＮＰＴに入っていないインドやパキスタンの協力が不可欠なのです。

ちなみにインドの国会では、広島に原子爆弾が落とされた8月6日が近くなると毎年、広島と長崎の犠牲者を思い、黙禱（もくとう）を捧げています。インドは核兵器を持っていると言っていますが、核のない平和な世界を願う気持ちは、日本とインドでも同じなのです。このような思いが実を結び、世界から核兵器がなくなる日は来るのでしょうか。

グローバル・サウスのリーダー

「グローバル・サウス」という言葉を聞いたことがありますか。これから経済発展が見込まれる発展途上国のことで、主にアフリカや中南米など南半球にある国が多いので、「グローバル・サウス」と呼びます。代表格はインド、インドネシア、南アフリカ、ブラジルなどの国で、これらの国に特徴的なのは、人口が多く若い国であることから、今後の経済成長が期待されるという点です。

グローバル・サウスの力は、経済面にとどまりません。アメリカやヨーロッパなど先進国の間で「自分の国が一番!」という自国第一主義が広まることにより、先進国の結束が崩れていきます。その結果、グローバル・サウスの結束が先進国の結束を超えていくかもしれません。このような傾向が強くなればなるほど、グローバル・サウスの政治的な声が強くなっていくのです。そのうち、グローバル・サウスが世界の主導権を握る日が来るかもしれません。その時、中心にいるのはやはりインドでしょう。

このように、インドは世界における存在感をどんどん増していき、日本や欧米にとっても無視できない存在となっているのです。

COLUMN

東京裁判でただひとり無罪を主張したパール判事

太平洋戦争のA級戦犯を裁いたことで知られる東京裁判。そこにひとりのインド人判事がいました。その名はパール判事。彼はA級戦犯全員の無罪を主張した唯一の判事でした。

パール判事は低いカーストの出身で、貧しい母子家庭で育ちました。必死に勉強し大学に進んだパールは、30代後半にはインドでも著名な法学者になり、のちに１９４６年から開かれた東京裁判の11人の判事のひとりに任命されます。

彼は、太平洋戦争のA級戦犯が裁かれている罪（平和に対する罪や人道に対する罪）は、日本が戦争を始めた当時は国際的に違法なものではなかったとして、日本人A級戦犯全員の無罪を主張しました。

法律の大原則として、昔の行為を後からできた法律で裁くことはできません。これを「事後法の論理」といいます。わたしたちの日常生活でもそうだと思うのですが、「あの時のあれはよくなかった」とずっと後になって言われても、「いやいやその時に言ってくれよ」となりますよね。

パール判事はこの論理で、A級戦犯を戦後の基準で裁くことはできないと考えたのです。もちろん戦争は正当化されることではありません。しかし、あくまで法律論としてはこのように考えた人もいるということです。

第14章

ヨーロッパで台頭する「極右」とは何なのか

パスポートも両替もいらないヨーロッパ

ここからは、ヨーロッパ連合、通称「EU」についてみていきます。

このEU、**実は人類の未来を占う最大の実験と呼ばれています。**しかし今、そのEUが試練に直面しています。

EUとは、ヨーロッパにある国々がまとまってできた共同体です。2020年にイギリスが抜けたので、それまで28あった加盟国は27に減りました。

そもそもなぜEUができたのかというと、先の戦争までさかのぼります。

ヨーロッパは、昔から戦争の多い場所で、人類史上最悪の第二次世界大戦の戦場にもなりました。終戦後、戦争に疲れ切ったヨーロッパ人はこう思い始めます。「そもそもわたしたち、陸続きで昔から交流してきたし、文化も人種も近い人が多いよね。たくさん戦争してきちゃったけど、でもよくよく考えれば、みんな似ているし、きっと仲良くできるよね」と。

同じ頃、ヨーロッパの外に目を向けてみると、世界が変わりつつありました。それまでは、イギリスやフランスなど世界の中心はヨーロッパだったのに、戦争が終わると、アメリカやソ連、そして少し後には日本など「大国」と呼ばれる国が登場してきたのです。今までヨーロッパが圧倒的に強かったのに、戦争ばかりしてみんな疲れ切って、気づいたら世界にはもっと強い国が出てきたぞ、これでは世界での発言権がなくなってしまう、そう思い始めたわけです。

そのような危機感から、「似たもの同士のヨーロッパなんだから、もう争うのはやめて、団結して新しく出てきた国に対抗していこうよ」という動きが出てきます。昔に比べて個々の国の力は弱くなっちゃったけど、みんなで集まれば引き続き発言力があるし、団結すれば怖いものはないよね、ということです。このような考えからできたのがEUです。

加盟国は統一通貨「ユーロ」をみんなで使い、EU内ならば国境を越えるのにパスポートも不要にして、自由に行き来できるようにしています（これを「**シェンゲン協定**」といいます）。

しかし今、EU内で「右派（うは）」や「極右（きょくう）」といわれる勢力が拡大しています。右派とは、簡単にいうと、「もうEUの言いなりになるのは嫌だよね、自分の国のためになることをしよう」という主張をする人々です。右派の人々は、EU全体の利益よりも、自分の国の利益を追求します。アメリカと同じく、自国第一主義ですね。右派の中でもかなり偏（かたよ）った主張をする人々を「極右」と呼び、現在のヨーロッパではこの極右が勢力を伸ばしています。極右の政党は、イタリアではすでに政権を取っていますし、ドイツでも議席数を伸ばしています。

では、なぜ極右は台頭してきたのでしょうか。その主な要因が、「環境」と「移民」です。なぜヨーロッパの人々はEUに嫌気がさしているのか、その背景を見ていきましょう。

環境規制により増える市民の負担

ＥＵは環境保護に積極的です。たとえば、排気ガスを多く出す車はＥＵ内を走ることができないし、２０３５年までに新車はすべて温室効果ガスを排出しない「ゼロエミッション車」にしようとしています。また、２０３０年までに全エネルギーの45％を太陽光や風力などの自然エネルギーで賄（まかな）おうとしています。これだけ聞くと、「いいことをしているな」と思うかもしれませんが、このような環境規制がＥＵに住む人々のお財布に響いていることも事実です。

たとえば、電気で走るＥＶ車は、温室効果ガスを排出しないため、環境には優しいですが、お値段が高いです。ＥＶ車の平均価格は３００万〜４００万であるのに対して、ガソリン車であれば１００万〜３００万円ほどで買えますので、ＥＶ車の方が高いことがわかります。そうすると、市民の中には、「車が欲しいけど、ＥＵの規制のせいで高い車しか買えないじゃないか」と不満を持つ人が出てきます。

また、ＥＵはガスや電気代などのエネルギーが日本に比べて高いです。わたしもスペインに住んでいたとき、「だいたい日本の倍くらいはかかるな」と感じていました。とりわけエネルギー代が高いのが、ドイツやイタリアなど原子力発電を持たない国です。なぜなら、自然エネルギーはコストがかかるため、自然エネルギーにすればするほど市民が支払う電気やガス代が高くなるのです。

EUといっても、その豊かさは国によりそれぞれです。一般的に北のほうが豊かで、南の方が経済的に困っている傾向にあります。たとえば、ドイツのような経済大国もあれば、ブルガリアやルーマニアのように決して豊かとはいえない国もあります。そのため、とりわけ南の方の国を中心に、「EUの環境規制はやりすぎだ」と思う人が増えてきたのです。

「移民のせいで仕事がなくなった」

EUの中は労働力の移動が自由です。たとえばポーランド人がオランダで働こうと思えばビザを取らずに働けますし、オランダ側としても、「外国人だから安い給料でいいや」ということは許されず、きちんとオランダ人と同じように雇わなくてはなりません。そのため、人々はより給料の高い国を求めて移動します。ヨーロッパの場合、このタイプの移民は、東から西へ流れてきます。なぜなら、東欧などの国よりも、西のフランスやドイツの方が豊かだからです。

このような人たちは労働力として歓迎される一方で、受け入れる側の国民の中には、「移民のせいで仕事がなくなった」と感じる人がいます。つまり、**移民は貴重な労働力である一方で、仕事を奪っていく人たち、とも捉(とら)えられてしまうのです。**

また、仮に移民が失業した場合でも、「仕事がなくなったのなら祖国に帰ってください」と簡単にはいきません。移民であっても失業手当や生活保護を受け取れる場合があります。そうすると、その国の国民からすると、「なんで移民の生活保護を払わなくてはいけないの」という声が上がってきます。

生活保護だけではありません。ドイツや北欧の国などは、子ども手当や医療など、社会福祉が充実している国が多いため、そのような社会福祉を目当てに移住してくる人が多いのも事実です。そうなると、ドイツや北欧の人はどう思うでしょう。自分たちの税金を国民に使うのはまだ理解できる、でも外国から来た移民に使うのは勘弁してくれ、と思うわけです。

このような考えが広がると、移民反対の動きが盛んになります。移民が増えたのは、域内の移動を自由にしているＥＵが悪なんだ、となるわけです。

COLUMN

一年中サンタに会えるフィンランドの街

一年が終わりに近づくと皆が楽しみにするイベント、それがクリスマスです。クリスマスイブの夜には、子どもたちはサンタクロースがプレゼントを届けてくれることを夢見て眠りにつきます。

そんなサンタさんに一年中会える街がフィンランドにあります。首都ヘルシンキからさらに北へ行った内陸部に、ロヴァニエミという街があります。そこではクリスマスでなくても、一年中お仕事中のサンタさんに会えるそうです。

遠くて会いに行けないという人は、サンタさんにお手紙を書くこともできます。フィンランド観光局がサンタさんの住所を公開しているので、手紙を送ってみるのもいいですね。世界中の子どもからどんなにたくさんのお手紙が届いても、サンタさんは魔法が使えるので、すべて読むことができるそうです。ぜひ今年のクリスマスにはお手紙を書いてみてはいかがでしょう。

このフィンランドは、長い間外交的中立を貫いてきて、どこの国とも同盟関係にありませんでした。しかし、ロシアがウクライナに侵攻したことをきっかけに、北大西洋条約機構（ＮＡＴＯ）の一員となりました。ＮＡＴＯの拡大を嫌ってウクライナに侵攻したロシアの行動は、結局ＮＡＴＯを拡大させるということになったのです。

セーヌ川沿いのテントをどう見たか

２０２４年夏にパリで行われたオリンピック・パラリンピック。アスリートたちの奮闘は、わたしたちにたくさんの感動を届けてくれました。２００ほどの国や地域の選手たちを盛大に迎える一方で、セーヌ川沿いではテントの撤去作業が行われていました。これらのテントに住んでいたのは、住む場所のない移民たちです。

２０１５年頃から多くの難民がヨーロッパに押し寄せます。シリアやリビアなど、中東や北アフリカで内戦や混乱が起き、安全な場所を求めた多くの難民がヨーロッパに渡ってきました。その数は、ヨーロッパにとっても到底受け入れられるような数ではありません。また、なんとか入国できた難民たちでも、住む場所の当てもないわけですから、路上で生活するようになります。その結果、パリの美しい街並みには無数のテントが張られることになりました。このような光景を、パリの人々はどのような気持ちで見ていたのでしょう。

難民の話はフランスに限ったことではありません。ギリシャやイタリア、スペインなど地中海沿岸の国では、船に乗った難民が到着したとか、国境のフェンスの上に難民たちがまたがり警備のスキを狙っている、なんてニュースは日常茶飯事です。

ヨーロッパはもともと移民に優しい風土でした。特に、イギリスやフフンスなど、海外に植民地を持っていた国は、旧宗主国として旧植民地の国々からたくさんの移民を受け入れてきました。なので、移民には慣れているはずなのです。

しかし、あまりに移民や難民が押し寄せた結果、自分たちの国が壊されているかのように感じる人が増えてきました。そのような人々の声を右派が代弁し、「移民はもうこれ以上入ってくるな」という動きが広まっているのです。

「我々は労働力を呼んだが、やってきたのは人間だった」

「我々は労働力を呼んだが、やってきたのは人間だった」

これは、スイス人の小説家・マックス＝フリッシュの言葉です。

移民は労働力として重宝されます。しかし実際に国境を越えて来るのは、黙って働くロボットではなく、わたしたちと同じ生身（なまみ）の人間です。感情もあれば、隣人といざこざを起こすこともあるだろうし、時には悪さをするのかもしれません。単なる労働力ではなく、民族も価値観も宗教も違った人々が社会に入ってくることが、移民を受け入れるということです。

ヨーロッパに押し寄せる難民の多くはイスラム教徒ですので、そのような人々が増えれば、街中にモスクができ、学校では頭にスカーフをまとった女性が増えます。そうすると、「フランスの風景や文化がイスラム教の人々に侵されている」、「ヨーロッパがイスラム化してしまう」という危機感を感じる人が現れました。わたしの友人のドイツ人も、「ドイツの公立学校でアラブ系の人が増えすぎて困っている、その人たちのほとんどがドイツ語を理解できないので、授業にならない」とため息をついていました。

ドイツでは最近、クリスマスマーケットに車が突っ込み、運転していたサウジアラビア出身の容疑者が逮捕されたり、公園にいた園児らが襲われてアフガニスタン出身の男が逮捕されたりするなどの事件が発生しています。もちろん移民だからといって必ずしもこのようなことをするわけではありませんが、ドイツの中で「中東からの移民が来たからこんな事件が起きるんだ」と勘違いする人が増えてしまったのです。

このようなことがヨーロッパ各地で起きたことをきっかけに、移民や難民に反対する声が強くなり、それが「移民反対」、「難民排斥」を掲げる右派の台頭を招いている、というのが今のEUの現状です。

では、このままEUは崩れていくのでしょうか。人類最大の実験・EUは失敗に終わってしまうのでしょうか。実はそうも言い切れないのです。なぜなら、2020年にイギリスはEUから脱退しましたが、これに続く国が出てきません。EUに本当に嫌気がさしているなら、イギリスのように抜ければいいのですが、「第二のイギリス」はなかなか出てきません。ここに一筋の希望の光が見えるとわたしは思っています。

そもそも「BREXIT（ブレグジット）」とは何だったか

イギリスのEU離脱、通称「BREXIT（ブレグジット）」とはどんなモノだったのでしょうか。

イギリスは1972年からEUのメンバーでしたが、EUから抜けるか、それとも残るかで国内の意見が分かれ、2016年に国民投票を行いました。**結果は、離脱が52%、残留が48%というほんの僅（わず）かの差で、イギリスはEUから離脱することを決定しました。**その後、2020年に正式にEUから離脱しましたが、イギリスはこの離脱をめぐって4年間も大混乱に陥りました。

そもそもなぜイギリスはEUから離脱しようとしたのでしょうか。これは国家の主権に大いに関係があるのです。

EUという大きな共同体に入るということは、メリットも大きいのですが、その一方で、自分たちが本来持っている国家主権を一部EUに差し出すようなものです。小さい国はEUに入ることよって発言力が増すのでメリットは大きいかもしれません。でも、イギリスのような大きな国では、「なんでEUにいろいろ決められなきゃいけないのだ」とか、「自分たちは大国なんだから、人に指図されたくない、自分のことは自分で決めたい！」と思う人が増えてくるのです。特にイギリスのように昔から大国で、世界は自分たちを中心に回っているのだ、と思っているような国では、そのように考える人が多かったのです。**ブレグジットの際、よく叫ばれていたスローガンが、「主権を取り戻せ」です。**このように、EUに奪われた主権を取り戻したいという気持ちがブレグジットを後押ししました。

ブレグジットを振り返る際に注目したいのは、離脱と残留にそれぞれ投票した人の年齢層です。**高齢者は離脱を支持し、若者は残留を訴えました。**イギリスがEUに入ったのは50年以上前の話なので、若者にとってはイギリスがEUの一員であることは普通だし、それが当たり前でした。それに対して高齢者は、EUの一員ではなかったイギリスを知っています。「昔はよかった」なんて声は世界のどこでもよく聞きますが、ブレグジットも例外ではありません。EUに入ったことによって自分たちの主権を奪われたのだ、そんなのやめて昔の大国のイギリスに戻ろう、という高齢者の声がブレグジットを後押ししたのです。

「第二のイギリス」はなぜ現れないのか

ブレグジットから5年が経ち、イギリス国民はどう思っているのでしょうか。**残念ながらイギリス国民の60%以上がブレグジットは失敗だったと考えていて、正しかったと思っているのは34%しかいません。**

その理由のひとつが、ブレグジットによってイギリスの物価が上がってしまったことです。EUを抜けたことで輸入のコストが上がり、モノの値段が上がりました。また、移民が少なくなったことで不足した労働力を、国内の人で賄わなくてはならなくなり、人件費も上がりました。こうしたコストの上昇は、結局イギリス国民のお財布に響いてきます。そのような背景から、右派の台頭するヨーロッパの中では珍しく、イギリスでは左派政権が誕生しています。

さらに今のところ、「イギリスに続いてEUを離脱するぞ」と本格的に動く国は出てきていません。それは離脱にまつわるイギリスのドタバタ劇や、離脱によって国民の生活が苦しくなったのを目の当たりにしたからでしょう。このようなイギリスの動きは、EU存続にとっては一筋の希望の光といえるのではないでしょうか。

人類最大の実験、EU。ざっくり見れば似たもの同士だけど、よく見てみれば文化も経済力も違う27もの国の集まりです。それらの国が、ひとまとまりになってうまくやっていけるのか、やっぱり無理なのか、これからのEUの進む道を世界は注目して見ています。

日本でも同じことが起こるのか

EUで起きていることは、アメリカで起きていることに似ています。どちらもグローバル化しすぎたことや移民がたくさん流入してきたことによって、自分の国の姿が壊されていると感じる人が増えています。いわば、グローバル化の「揺り戻し」のような作用が働いているのです。今の世界、とりわけ先進国では、多かれ少なかれ同じようなことが問題になっています。

そしてこれは日本も無関係ではありません。日本は島国ですので、アメリカやヨーロッパに比べればまだまだ移民は少ないですが、それでも日本社会にも少しずつ変化が訪れています。日本でも、以前に比べて外国人をよく見かけるようになりましたし、多様性を認める価値観もどんどん進んできています。

このように、程度は違うかもしれませんが、アメリカやヨーロッパで起きていることは、日本でもすでに起こっている、もしくは近い将来起こりうることなのです。みなさんはその時、どのような判断をしますか。

第一次世界大戦、第二次世界大戦と、大きな戦争が終わり、世界はグローバル化しました。しかし、そのグローバル化が行き過ぎた国では分断が起きています。この分断の先には、何があるのでしょうか。世界はまた争いに突入するのでしょうか。それとも、民主主義に見切りをつけて独裁が増えるのでしょうか。

民主主義とて完全なものではありませんし、今の日本に満足している人がどれだけいるかはわかりません。しかし、日本には民主主義も自由もあります。そして、この本を通じて繰り返し述べたように、民主主義や自由というのは思っている以上に脆いものです。自分たちの力で守らなければ、あっという間に誰かに奪われかねないものです。

いろいろ問題はあったとしても、完璧(かんぺき)な制度でなかったとしても、わたしは民主的で自由な国に住んでいたいです。なぜなら、自分の意見を自由に言いたいし、自分の力で決められないことに支配されたくないからです。そして次の世代にもそうであってほしいと願っています。そのために、世界の動きに関心を持ち、自由な日本を守っていくことが、わたしたちの使命だと思っています。

おわりに

最後まで読んでくださり、ありがとうございます。わたし自身、本を読むのが苦手なので、最後まで読んで下さったこと、尊敬と感謝の気持ちでいっぱいです。

この本では、難しいことはあえて省略し、できる限りわかりやすく、そして退屈しないよう脱線も多く含んだ文章を書いたつもりです。そのため、省略・簡素化した事実やデータがたくさんあり、不十分な点もたくさんあったと思います。しかし、この本はあくまで第一歩で、これをきっかけに世界のことをもっと知りたいと思ってもらえたらこの上なく嬉しいことです。

第二次世界大戦が終わってグローバル化した世界では、貿易が盛んになり、インターネットが発達し、外国の情報やモノが簡単に手に入るようになりました。豊かな国には移民が流入し、住んでいる人種も多様化しました。その副作用としての「分断」が今世界中で起きています。このような世界の姿は、明日の日本を映し出す鏡です。日本社会もいつ分断するかわかりません。日本人、とりわけ若者は政治への関心が低いといわれています。でも、自由と民主主義を守り、今の日本を変えるためには、自分の意見を言わなければいけません。若いみなさんこそが、未来の主人公なのですから。

「政治はわかんないから」、「国際情勢は難しいから」「英語ができないから」なんて大した問題ではありません。間違ったっていいのです。間違えることなんてかすり傷にすらなりません。明日コロっと意見が変わったっていいのです。世界や日本のことに興味を持ち、自分なりに考えることが何より大事です。特に若いみなさん、みなさんは未来の主人公なのです。だから、日本のこと、そして世界のことを、ぜひ「自分ゴト」として考えてみてください。この本がそのきっかけの一つになれば、これ以上に嬉しいことはありません。

この本を書くにあたり、たくさんの方にお世話になりましたので、この場を借りてお礼を申し上げます。前書からお世話になった扶桑社の山口洋子さん、編集担当者の村山悠太さんには、たくさんの素敵なアイディアをいただき、筆の遅いわたしを引っ張っていただきました。イラストレーターの市村譲さん、ヌーベルアージュさんには、戦争などの暗い話題を扱う本書をパッと明るくしてもらいました。決して優秀とはいえないわたしに普段からいろいろ教えてくれる外務省の同僚には感謝するとともに、昼夜を問わず日本外交のために懸命に働く姿には心からの敬意を表します。また、時間のない中で本書を書き上げられたのは、自身も忙しい夫の理解と協力のおかげでした。そして最後に、何より大事なふたりの子どもたち、まだ小さいけれど、いつか君たちがこの本を読んで、世界に羽ばたいてくれることを願っています。ふたりが大人になっても平和で繁栄した日本であることを願って。

参考文献

第2章　日本の安全は5万円で買えるのか

『令和6年度版防衛白書』
「世界価値観調査（2017年～2022年）」東京大学、電通総研ほか
『在日米軍基地』川名晋史（中公新書）
『新・地政学入門』髙橋洋一（あさ出版）

【COLUMN】ハンガリーの珍しい税金「ポテトチップス税」

『Obesity rates in OECD countries 2018』

第3章　「またトラ」のアメリカとどう向き合うか

『分断国家アメリカ』読売新聞アメリカ総局（中公新書クラレ）
『トランプ再熱狂の正体』辻浩平（新潮社）
『アメリカを動かす宗教ナショナリズム』松本佐保（ちくま新書）
『アメリカの政党政治』岡山裕（中公新書）
『アメリカ連邦議会』石垣友明（有斐閣）
・アメリカの医療費の記述は在ニューヨーク日本総領事館ＨＰより（https://www.ny.us.emb-japan.go.jp/jp/g/01.html）
・オバマケアについて：『米国の対外政策に影響を与える国内的諸要因』（平成29年3月日本国際問題研究所）第13章「トランプ

新政権とオバマケア」山岸敬和

第4章　中国はどこに向かっているのか

・対中感情のデータは、「外交に関する世論調査（2025年2月14日発表）」（内閣府）より引用
『習近平政権の権力構造　1人が14億人を統べる理由』桃井裕理（日本経済新聞出版）（本稿中の王書茂のエピソードおよび習近平の生い立ちについては本書に詳しい）
『中国共産党支配の原理　巨大組織の未来と不安』羽田野主（日本経済新聞出版）
『中国「軍事強国」への夢』劉明福著、峯村健司監訳、加藤嘉一訳（文藝春秋）
『中国不動産バブル』柯隆（文藝春秋）
・中国の失業率は2023年6月のもの（21・3％）。直近のデータは15・7％（2025年1月中国国家統計局発表）である（なお、2025年1月発表のデータには求職中の学生が失業者とカウントされないなどそれ以前のデータから基準が変更されている）。
・在日中国人の数は出入国在留管理庁発表「令和6年6月末現在における在留外国人数について」を参照

第6章　今こそ知っておきたい台湾のこと

『頼清徳　世界の命運を握る台湾新総統』周玉蔻、矢坂明夫（産経新聞出版）
『台湾の本音〝隣国〟を基礎から理解する』野嶋剛（光文社新書）
・台湾の軍事費は約4151億台湾ドル（2023年度、台湾国防部発表）、中国の国防予算は約1兆5537億元（2023年度）（第14期全国人民代表大会（全人代）第1回会議にて発表）。兵力は台湾が約17万人に対して中国は約204万人（『ミリタリー・バランス』等より）
・中台貿易額：『中台関係の緊張が世界経済に与える影響』熊谷聡、松本はる香（アジア研究所『IDEスクエア』）

第7章　「半導体」を制するものは世界を制する

『半導体戦争　世界重要テクノロジーをめぐる国家間の攻防』クリス・ミラー著、千葉敏生訳（ダイヤモンド社）
『教養としての「半導体」』菊池正典（日本実業出版社）
『2030　半導体の地政学　戦略物資を支配するのは誰か』太田泰彦（日本経済新聞出版）
『半導体有事』湯之上隆（文藝春秋）

第8章　深海からのぞく国際情勢

『オホーツク核要塞』小泉悠（朝日新書）
『南シナ海問題の構図』庄司智孝（名古屋大学出版社）

第9章　北朝鮮は何を恐れ、何を守ろうとしているのか

・本稿中、北朝鮮が持つ159国交国にはパレスチナという1地域を含む。
『北朝鮮入門』礒崎敦仁、澤田克己（東洋経済新報社）
『北朝鮮外交秘録』太永浩（文藝春秋）
・テポドン1号の開発費用については、2012年4月2日付総合ニュースなどによる。
・2024年3月付の朝鮮新報は「北朝鮮では2018年時点でスマートフォンが600万～1千万人に普及している」と伝えている。
『工作・謀略の国際政治』黒井文太郎（ワニブックス）
『チュチェ思想入門』篠原常一郎（育鵬社）
『囚われの楽園　脱北医師が見たありのままの北朝鮮』李泰炅（ハート出版）

『外事警察秘録』北村滋（文藝春秋）
・兵役の記載は令和5年度防衛白書を元に作成。韓国の兵役は陸軍18ヵ月、海軍20ヵ月、空軍21ヵ月。北朝鮮の兵役は男性10年、女性7年。
・コ・ヨンヒの正式な漢字表記は不明で、「高英姫」とも「高容姫」とも言われている。

【COLUMN】キューバの人気職業・タクシー運転手
・キューバの平均月収は「Salario Medio en Cifras. Cuba 2023」Oficina nacional de estadística e información, República de Cubaより作成

第10章　K-POPには映し出されない韓国の実像

『朝鮮半島の歴史　政争と外患の六百年』新城道彦（新潮社）
『尹錫悦大統領の仮面』シンシアリー（扶桑社新書）
『韓国の絶望　日本の希望』シンシアリー（扶桑社新書）
・韓国の対日感情：KOREA WAVE 3月3日付記事、MONEYTODAYと韓国ギャラップの共同調査より
・日本の対韓感情：『外交に関する世論調査（令和6年10月調査）』内閣府より

第11章　10分でわかるロシアによるウクライナ侵略

『日本人にどうしても伝えたい　教養としての国際政治』豊島晋作（KADOKAWA）
『ゼレンスキーの素顔』セルヒー・ルデンコ著、安藤清果訳（PHP研究社）
『講義　ウクライナの歴史』黛秋津編、三浦清美ほか著（山川出版社）
『社会人のための現代ロシア講義』塩川伸明、池田嘉郎著（東京大学出版社）
・2014年のクリミア併合は国際的には認められていないため、クリミア「併合」とカギカッコ付きで表すことが多いが、本

書では読みやすさの観点からカギカッコを取った形で書くこととした。
・汚職指数：『CORRUPTION PERCEPTIONS INDEX』（国際ＮＧＯ・トランスペアレンシー・インターナショナル）

第12章　パレスチナ問題やシリア問題のそもそも

『ハマスとガザ戦争』高橋和夫（幻冬社）
『シリア　アサド政権の40年史』国枝昌樹（平凡社新書）
『ユダヤ人国家　ユダヤ人問題の現代的解決の試み』テオドール・ヘルツル著、佐藤康彦訳（法政大学出版局）
『サイクス＝ピコ協定　百年の呪縛』池内恵（新潮社）
『ガザとは何か』岡真理（大和出版）
『イランvsトランプ』高橋和夫（ワニブックスＰＬＵＳ新書）
『イスラエル』ダニエル・ソカッチ著、鬼澤忍訳（ＮＨＫ出版）（本稿中の「どちらも正しく、どちらも間違っている」という言葉は本著者の言葉である）
『ガザ紛争の正体』宮田律（平凡社新書）
『なぜガザは戦場になるのか』髙橋和夫（ワニブックスＰＬＵＳ新書）
『「悪の枢軸」イランの正体』飯島健太（朝日新聞出版）
『北朝鮮とイラン』福原裕二、吉村慎太郎（集英社新書）
『膠着するシリア』青山弘之（東京外語大学出版社）

・日本の失業率のデータは２０２５年1月のもの。

第13章　「モテ期」インドの光と影

『インド外交の流儀』S・ジャイシャンカル著、笠井亮平訳（白水社）

・インドの貧困率は世界銀行『Poverty, Prosperity and Planet Report 2024』より

『「モディ化」するインド－大国幻想が生み出した権威主義』湊一樹（中央公論新社）
『超大国インドのすべてがズバリわかる！』榊原英資、小寺圭（ビジネス社）
『インドの正体　「未来の大国」の虚と実』伊藤融（中公新書ラクレ）
『インド――グローバルサウスの超大国』近藤正規（中公新書）
『カーストとは何か　インド「不可触民」の実像』鈴木真弥（中公新書）
『世界を揺るがす！　グローバルサウスvs米欧の地政学』石田和靖、宇山卓栄（ビジネス社）
・インドと日本の防衛費は、ストックホルム国際平和研究所（ＳＩＰＲＩ）が公表した２０２３年の報告書より。（インドは８３６億ドル、日本は５０２億ドル）
『パール判事の日本無罪論』田中正明（小学館文庫）
『グローバルサウスの逆襲』池上彰・佐藤優（文藝春秋）
『カシミール／キルド・イン・ヴァレイ　インド・パキスタンの狭間で』廣瀬和司（現代企画室）

第14章　ヨーロッパで台頭する「極右」とは何なのか

『ＥＵ［第四版］：欧州統合の現在』鷲江義勝（創元社）
『ルポ　リベラル嫌い』津坂直樹（亜紀書房）
『欧州戦争としてのウクライナ侵攻』鶴岡路人（新潮社）
『移民と日本社会』永吉希久子（中公新書）
『ＥＵ離脱』鶴岡路人（ちくま新書）

＊本稿では１ドル＝￥１５０で計算している。

本稿は筆者個人の見解であり、外務省の見解ではありません。また、事例解釈やデータの引用、事実関係の記載、関連国際法の解釈等もすべて筆者個人の責任において行っており、外務省の方針や見解とは無関係です。

島根玲子（しまね・れいこ）

1984年埼玉県生まれ。高校時代に２度の留年と２度の中退を経験。一念発起して大検を取得後、青山学院大学文学部に進学。早稲田大学法科大学院を経て、2010年に司法試験および国家公務員Ｉ種試験に合格。2011年に外務省入省後、スペイン駐在を経て、中南米外交やアジア外交に携わる。外交官として働く傍ら、国際情勢やキャリア設計についての講演活動も行う。著書に『高校チュータイ外交官のイチからわかる！　国際情勢』（扶桑社）がある。

装　丁	ヤマシタツトム
装　画	市村譲
イラスト・図版制作	ヌーベルアージュ株式会社
DTP制作	生田敦

高校チュータイ外交官が世界のニュースを「そもそも」解説

13歳(さい)からの国際情勢(こくさいじょうせい)

発行日　2025年5月12日　初版第1刷発行

著　者　島根玲子

発行者　秋尾弘史

発行所　株式会社 扶桑社
〒105-8070
東京都港区海岸1-2-20 汐留ビルディング
電話 03-5843-8842（編集）
03-5843-8143（メールセンター）
www.fusosha.co.jp

印刷・製本　中央精版印刷株式会社

Printed in Japan　ISBN 978-4-594-09894-0